MONIKA KELLERMANN
THILO WEIMAR

HERZSTÜCKE AM GARDASEE

BESONDERES ABSEITS DER BEKANNTEN WEGE **ENTDECKEN**

BRUCKMANN

LIEBE LESERIN, LIEBER LESER,

der Gardasee ist ein Urlaubsparadies, das seit Goethes *Italienischer Reise* nichts von seiner magischen Anziehung verloren hat. Ist es die abwechslungsreiche Landschaft, das milde Klima und die mediterrane Lebensart? Oder sind es die vielfältigen Sportmöglichkeiten, die pittoresken Dörfer, die Weinbaugebiete oder geschichtsträchtigen Städte? Was immer Sie bevorzugen – am Gardasee kann jeder nach seiner Fasson glücklich werden! Gehen Sie mit mir auf eine unterhaltsame Entdeckungstour und lassen Sie sich von meinen ganz persönlichen Herzstücken rund um den Gardasee überraschen.

Kurzweilige Urlaubstage wünscht Ihnen

Monika Kellermann

IMMER EINE SÜNDE WERT!

MEINE LIEBLINGSLÄDEN ZUM ESSEN, TRINKEN UND EINKAUFEN

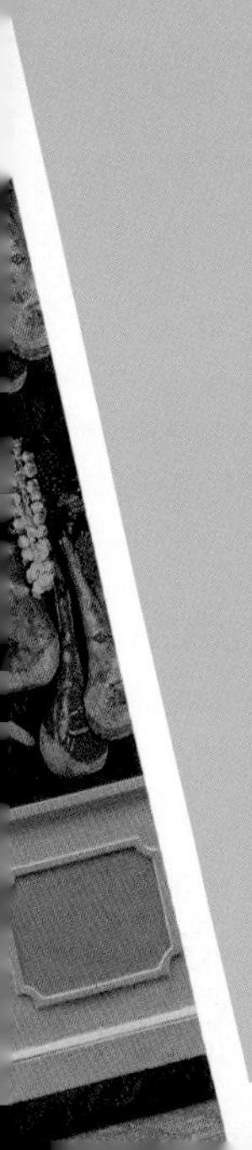

01 WINESHOP ZENI – GENTILEZZA IN PUREZZA

Wein einzukaufen macht Spaß, vor allem wenn man unterschiedliche Weine rund um den Gardasee in Ruhe verkosten kann. Wird man zudem unaufdringlich und charmant von netten Damen beraten – in deutscher Sprache, versteht sich –, ist der Spaß perfekt, und auch ein verregneter Urlaubstag wird zum Vergnügen.

> Anfang Oktober dreht sich in Bardolino traditionell fünf Tage lang alles um den Rotwein gleichen Namens. Mehr Info über die »Festa dell'Uva e del Vino« unter www.bardolinotop.it

Längst kein Geheimtipp mehr, dennoch sind das Weingut Zeni, das Weinmuseum und der dazugehörende Verkaufsladen einen Besuch wert. Familie Zeni ist seit dem 18. Jahrhundert fest mit dem hübschen Ort Bardolino verbunden. Das Weingut, das heute in der Via Costabella über Bardolino liegt, befand sich früher im Herzen des Dorfes. Gaetano Zeni, der Vater von Fausto, Federica und Elena, legte in vorausahnender Weitsicht die Grundsteine für den Erfolg der Cantina Zeni. Der beliebte Winzer starb leider viel zu früh, hinterließ aber seinen Kindern nicht nur einen perfekten Betrieb, sondern auch die Leidenschaft für die Weinkultur und die offene, herzliche Art, mit Menschen umzugehen.

Diese Freundlichkeit und Geduld mit den Besuchern ist ein Grund, weshalb der 2018 neu gestaltete Shop und das beeindruckende dazugehörende Weinmuseum so stark frequentiert werden. Im lichtdurchfluteten, modernen Verkaufsraum kann man sich an Karten orientieren, wo die Reben für Bardolino, Lugana, Custoza und Valpolicella gedeihen. Wie vor der Neugestaltung darf man verkosten und sich ausführlich beim ausgesprochen fachkundigen Personal beraten lassen.

Wenn Sie Ihr Weinwissen intensivieren möchten, dann besuchen Sie die spannende Geruchsgalerie, die sich im wunderschönen Barriquekeller der Familie Zeni befindet. In aller Ruhe können Sie in der abgedunkelten Galerie Düfte und Aromen entdecken und dabei Ihren Geruchssinn schärfen.

Cantina Zeni e Museo del Vino · Via Costabella 9 · 37011 Bardolino · Tel. +39 045 721 00 22
Öffnungszeiten siehe Webseite · www.zeni.it/de/info · Aufladen von E-Autos möglich

02 AUF EIN GLÄSCHEN ABSEITS VOM TRUBEL

Schon von Weitem sehen Sie die majestätischen Villen und die prächtige Kirche von Cavaion, hingekuschelt an den Monte San Michele. Entlang der Straße, die durch das Dorf führt, reihen sich kleine Läden, die vorwiegend von Einheimischen frequentiert werden. Hier ist noch alles echt italienisch.

Nur wenige Kilometer abseits des Gardaseeufers liegt das malerische Dorf Cavaion, das trotz Traumsicht auf den See bislang vom Massentourismus verschont blieb. Der Verkehr in Richtung Lazise und Bardolino führt auf der Umgehungsstraße an Cavaion vorbei. Wer es beschaulich mag, biegt einfach ab und fährt hinauf zur Pfarrkirche San Giovanni Battista mit der neoklassizistischen Fassade und genießt die fantastische Aussicht. Weiter unten, entlang der Dorfstraße, finden Sie qualitätsvolle Läden mit fairen Preisen: frisches Obst und Gemüse bei Giuseppe, leckere Brotsorten beim Bäcker Zambiasi, einen pfiffigen Schuster, ein nettes Café mit selbst gebackenen *dolce*, usw.

Sie parken am besten gegenüber vom Rathaus vor dem Kiosk des Schusters und gehen an der Steinmauer entlang nach oben zur »Enoteca Corte Torcolo«. In dem Gebäude aus dem 14. Jahrhundert hat Sommelier Silvano vor vielen Jahren eine heimelige Osteria eröffnet, die zu einem beliebten Treffpunkt für Einheimische und mittlerweile auch für Touristen geworden ist, die gerne abseits des Trubels ein gutes Glas Wein genießen. Seit sich Silvano 2021 in den Ruhestand verabschiedet hat, führt nun sein Koch Luca die Geschicke der beliebten Oase der Ruhe, inmitten von Cavaion. Obwohl auch bei Luca Steccanella der Wein eine wichtige Rolle spielt, steht für ihn seine Kochkunst im Mittelpunkt, und es lohnt sich, diese kennenzulernen.

Die Gasträume mit den Natursteinmauern sind sehr gemütlich, aber auch der wunderschöne Innenhof ist besonders reizvoll, um im Frühjahr die ersten und im Herbst die letzten Sonnenstrahlen zu genießen. In den Sommermonaten finden in der kleinen Arena in der schönen Parkanlage unterhalb der Tavernetta Musikveranstaltungen statt.

Tavernetta Corte Torcolo · Via Vittorio Veneto 1 · 37010 Cavaion Veronese · Mo geschl.
Öffnungszeiten siehe Website · Tel. +39 045 611 64 71 · https://tavernetta-corte-torcolo.business.site

HUNDERTJÄHRIGE REBEN IN DER TERRADEIFORTI

03

Das Etschtal beginnt hinter Affi und erstreckt sich bis Avio. Es heißt Terradeiforti, weil auf den Anhöhen zahlreiche Burgen und Festungen auf die jahrhundertelange Geschichte hinweisen. Bereits bei den Römern war das Tal ein heiß umkämpfter und stark frequentierter Weg zwischen Mittelmeer und Alpen.

Heute wird das Tal vom Massentourismus weitgehend verschont. Die Autobahn führt in diskreter Entfernung am engen Flusstal, dessen Uferhänge mit Rebstöcken bestückt sind, vorbei. Die Etsch, die sich durch das Tal schlängelt, ist der Hotspot bei Kanu-, Kajak- und Raftingsportlern. Im Oktober findet hier der Kanumarathon-Weltcup statt.

Täglich frisch gemachte Tagliatelle gibt es in der Trattoria Croce d'Oro in 37020 Volargne, Via Valentini 55, Tel. +39 045 773 23 55, www.albergocrocedoro.com.

Genussmenschen folgen der Landstraße von Affi Richtung Volargne nach Brentino Belluno, flankiert von kleinen bäuerlichen Winzerbetrieben, die stets offene Türen für Besucher haben. Richtig stolz sind die Winzer auf ihre rote autochthone Rebsorte, den Enantio. Vor tausend Jahren wuchs die Rebe wild in den Wäldern und wurde »Lambrusco mit gezackten Rändern« genannt. Sie überlebte als eine der wenigen Rebstöcke die Reblaus-Katastrophe Ende des 19. Jahrhunderts. Man vermutete, dass es an der Widerstandsfähigkeit der wilden Rebe lag. Forschungen haben jedoch ergeben, dass der Boden die Ursache ist. Sobald sich nämlich die Reblaus ins Erdreich begibt, um die Wurzeln zu fressen, zerschneiden die scharfen Kristalle des Sandbodens das Ungeziefer.

Glücklich schätzen können sich die Weingüter Roeno di Fugatti und La Prebenda über uralte knorrige Rebstöcke, die Bäumen gleichen und bis zu hundert Jahre alt sind. Bei beiden Winzern können Sie die gehaltvollen Enantio-Weine verkosten. Im Weingut Roeno gibt es außerdem großartige Pinot Grigios, einen finessenreichen Riesling und einen spannenden Wein aus der PIWI Rebsorte Solaris.

Az. Agr. Roeno · Via Mama 5 · 37020 Brentino Belluno · www.cantinaroeo.com (mit Trattoria und Agriturismo) · **La Prebenda** · Via Santuario 2 · 37020 Brentino Belluno · www.laprebenda.it

Ein gutes Glas Wein und leckeres Essen gibt es in der Tavernetta Corte Torcolo.

04 WEINGUT MIT AMBIENTE UND GUTER KÜCHE

Das Weingut Masi, in der siebten Generation im Besitz der Familie Boscaini und einer der führenden Amarone-Produzenten auf dem internationalen Markt, hat sich seit jeher darum bemüht, die Kultur des Veneto weltweit bekannt zu machen. Ein neuer Schritt in diese Richtung ist die Tenuta Canova.

Heimische Küche, begleitet von Masi-Weinen, in einem ansprechenden Ambiente und nur einen Steinwurf vom Gardasee entfernt, das gibt es seit Frühjahr 2016 in Sacro Cuor, einem Ortsteil von Lazise. Ein wenig abseits der Straße, die von Lazise nach Bussolengo führt, liegt auf einer sanften Anhöhe die Tenuta Canova. Im einladenden Wineshop kann man einen Aperitif genießen, Kleinigkeiten dazu schnabulieren oder Masi-Weine verkosten. Im gemütlichen Raum nebenan sitzen Sie an einem großen Tisch auf urigen Holzklötzen und lassen sich alles schmecken. Für alle, die lieber in Ruhe an gedeckten Tischen sitzen, sind die Räume im ersten Stock genau richtig.

Die umfangreiche Weinkarte bietet neben Spumante, Weiß- und Roséweinen vor allem 17 verschiedene Rotweine, die größtenteils aus dem Valpolicella stammen, aber auch von den Gütern der Familie Boscaini aus dem Trentino, der Toskana und aus Argentinien. Zu den Gerichten auf der Speisekarte gibt es jeweils zwei Weinempfehlungen.

Neben Käse, Schinken und Salami der Region kommen heimatliche Klassiker auf den Tisch, wie etwa Bigoli, Gnocchi, Risotto oder Hähnchen, Hecht oder Fohlenfleisch. Im Sommer sind auch vor der hübschen Tenuta die Tische gedeckt, unter schattenspendenden Sonnenschirmen und Olivenbäumen. Spannend ist es, den *Appassimento*, den Trocknungsraum, zu besichtigen. Hier werden die Trauben für den wohl berühmtesten und am meisten verkauften Wein des Weinguts Masi – Campofiorin – getrocknet. Sehenswert ist auch der beeindruckende Weinkeller. Auf der Rückseite dieses Gebäudes verlockt ein Aussichtspunkt zum Verweilen. Von hier hat man einen zauberhaften Blick über die Weinberge hinüber ins liebliche Valpolicella.

Tenuta Canova · Via Delaini, 1 Loc. Sacro Cuor · 37017 Lazise del Garda · Tel. +39 045 758 02 39
Restaurant 12–14.30 u.18.30–22 Uhr, Wineshop 10.30–22, So 10.30–16 Uhr · www.masi.it

MASI

GRAPPA VON FRANCESCHINI

05

Der Südtiroler Bruno Franceschin brennt seit den 1970er-Jahren in Cavaion Grappe, unterstützt von seinem Sohn Luigi und seiner charmanten Ehefrau Lucia. Das Grundmaterial, die Trestern, kommen von angesehenen Winzern aus den Weinregionen Bardolino, Lugana und natürlich aus der Valpolicella. Besonders gefragt sind die Grappe aus Amaronetrestern, mal klar, mal in Barrique gereift. Im ansprechenden Verkaufsraum des sympathischen Familienbetriebs, inmitten eines Olivenhains gelegen, kann man natürlich auch verkosten.

Destilleria Franceschini · Strada del Trentin 50 · 37010 Cavaion Veronese
Mo–Sa 9–12 u. 13.30–18 Uhr · Tel. +39 045 723 50 59 · www.distilleriafranceschini.it

ROMANTISCHER ABEND MIT GRANDIOSEM BLICK

06

Das Ristorante Ai Beati mit dem sensationellen Seeblick kennen viele, die auf der Ostseite des Lago ihren Urlaub verbringen. Seit Mai 2021 kümmert sich Zwei-Sterne-Koch Giancarlo Perbellini aus Verona gemeinsam mit seinem Geschäftspartner Marco Cicchelli um die Geschicke dieses Restaurants. Er renovierte die ehemalige Ölmühle aus dem 14. Jahrhundert und gestaltete die Räume nach dem Stil seines Projekts »Locanda Perbellini«, von denen es bereits drei in Italien gibt (in Verona, Mailand und in Montallegro auf Sizilien). Sein bewährtes Konzept: regionale und saisonale Küche aus besten Produkten, zubereitet von jungen Küchenchefs seines Vertrauens. Hier im Ai Beati sorgt Michele Bosco für einen genussvollen und romantischen Abend mit *bellissima vista sul lago*.

Locanda Perbellini – Ai Beati · Via Val Mora 57/59 · 37016 Garda · Ruhetage Di und Mittwochnachmittag · Tel. +39 045 657 31 14 · www.locandaperbelliniallago.it

07 FASZINIERENDE DÜFTE IN DER TOURIMEILE

Peschiera ist ein hübscher Ort und wichtiger Verkehrsknotenpunkt, Parkplätze sind allerdings Mangelware. Ein Tipp: Biegen Sie gegenüber vom Parkplatz am See ab und fahren Sie entlang der Burgmauer bis zur alten Kaserne und dem großen Parkplatz. Von hier ist es ein Katzensprung in die betörende Welt der Düfte.

Hat man ein feines Näschen, ist es einfach, Parfum Idéal zu finden. Es ist der erste Laden in der Via Rocca und vorbeigehen wäre ein Versäumnis. Alleine das Ambiente, das Giulia, die sympathische Besitzerin, geschaffen hat, ist sehenswert. Betörend aber sind die unaufdringlichen Düfte. Das Geheimnis dieser Wohlfühldüfte sind die natürlichen Aromen, aus denen sie hergestellt werden. Die unterschiedlichsten Blüten, Gewürze oder Tabake werden drei bis sechs Monate nicht in Alkohol, sondern in hochwertigen Ölen eingeweicht. »Aus einem Liter dieser Essenz können lediglich vier Parfümfläschchen (100 ml) abgefüllt werden«, erklärt Giulia mit leuchtenden Augen. Man sieht ihr die Begeisterung für diese hochwertigen Produkte an.

Dabei fing alles ganz profan an: Giulia arbeitete in der Post in Verona, und um dieses eintönige Arbeitsleben ein wenig aufzupeppen, half sie, wann immer es ihre Zeit erlaubte, im Beauty-Shop ihrer Freundin Carlotta. La Signora Carlotta war die Erste, die sich in den 1980er-Jahren auf Parfüm mit natürlichen Aromen spezialisierte. Giulia fand so viel Gefallen an dieser Arbeit, dass sie bei der Post kündigte und sich fortan edlen Düften und erlesener Kosmetik widmete. Am 13. Februar 2013 (ihrem Geburtstag) eröffnete sie ihren eigenen, ansprechenden Laden in Peschiera.

Neben einer Vielzahl natürlicher Düfte und hochwertiger Kosmetik finden Sie hier auch die weltweit meistverkaufte Creme »Formula 3.9«, die Erno Laszlo einst für Marilyn Monroe entwickelt hat. Aber auch das noble Parfüm »Blu Sapphire«, das Boadicea the Victorious für Königin Elisabeth von England und Prinz Philip kreierte, und vieles mehr …

Parfum Idéal · Via Risorgimento 1 · 37019 Peschiera · Tel. +39 045 222 33 32
täglich (auch sonn- und feiertags) außer Mi 10–12.30 u. 15.30–19.30 Uhr · www.parfumideal.it

PRO
FVMVM
ROMA

VALEGGIO UND DIE NODO D'AMORE

08

Alleine die hauchzarten kleinen Nudelgebilde »nodo d'amore«, Liebesknoten genannt, sind einen Ausflug nach Valeggio sul Mincio wert. Aber das Städtchen am Mincio mit der beeindruckenden Scaliger-Viscontiburg und dem zauberhaften Mühlendorf Borghetto bietet Ihnen noch viel mehr.

Valeggio ist ein reizendes Städtchen abseits der Touristenströme. Und das Besondere: In seinen vielen Ristorante stehen tagtäglich frisch zubereitete, von flinken Händen geformte Tortellini auf der Speisekarte. Seit mehr als 50 Jahren ist das Ristorante Alla Borsa *die* Adresse für allerfeinste Tortellini und bei Einheimischen und mittlerweile auch bei Genießern aus aller Welt hoch geschätzt. Nadia Pasquali führt, unterstützt von ihren Eltern, das beliebte Restaurant. Gleichzeitig ist sie die treibende Kraft, wenn es um den Höhepunkt der Tortellini-Tradition geht, die »Festa Nodo d'Amore«. Das nächste geplante Festa Nodo d´Amore findet voraussichtlich 2023 statt. Dann wird wieder genussvoll gefeiert auf der 615 Meter langen Visconteo-Brücke, mit weniger Gästen, dafür aber eleganter und anspruchsvoller und wie eh und je mit einem grandiosen Feuerwerk über der Burg.

Beim Pastificio Castello in der Via Jacopo Foroni 6 können Sie köstliche Tortellini zum Mitnehmen erstehen (www.tortellinivaleggio.it).

Das ist aber nicht das einzige Fest! Die Bewohner von Valeggio organisieren spannende Märkte und kulturelle Veranstaltungen das ganze Jahr hindurch. Berühmt ist der – an jedem vierten Sonntag im Monat – stattfindende Antiquitäten-Flohmarkt, und das absolute Erlebnis ist »Valeggio Veste il Vintage«, eine Reise zurück bis in die 1950er-Jahre. Alles, was diese Zeit prägte – Kleidung, Hüte, Schmuck, Jukebox, Filme und vieles mehr – können Sie dann auf den Plätzen und in den Gassen der Kleinstadt sehen. Ebenso verlockend ist das dreitägige Fest »Tortellini e Dintorni«, bei dem sich alles ums Genießen dreht – begleitet von Musik und Fröhlichkeit.

Ristorante Alla Borsa · Via Goito 2 · 37067 Valeggio s. Mincio
Öffnungszeiten s. Webseite · www.ristoranteborsa.it/de/
Feste: www.festanododamore.eu, www.tortelliniedintorni.net

09 SCHICKER DURCHBLICK UND EDLER SCHMUCK

Fast würde man vorbeilaufen am Optikergeschäft, wären da nicht extravagante Brillen im Schaufenster, die Frauen wie Männer gleichermaßen zum Stehenbleiben verführen. Magisch angezogen öffnet man die Tür und ist erst einmal erstaunt über das schicke, moderne Ambiente in den alten Gemäuern.

Magda, die Grande Dame der Designerbrillen, ist in Mailand geboren und aufgewachsen. Ihre Eltern kamen aus der Modebranche, daher galt ihre Leidenschaft von Kindesbeinen an den schönen Dingen des Lebens. Als sie Giovanni Martinelli kennenlernte und heiratete, änderte sich einiges in Magdas Leben. Dem diplomierten Optiker zuliebe, der sein Examen als erster Italiener in Boston gemacht hatte, zog sie nach Valeggio sul Mincio, da es in dem kleinen Städtchen ideale Bedingungen für Optiker gab. Die wissbegierige Magda wollte aber nicht nur Brillen verkaufen, deshalb machte sie eine Optikerausbildung. 1992 eröffneten Giovanni aus Bari und Magda aus Milano den Laden in der Via S. Rocco in Valeggio. Für Giovanni war rasch klar, dass alleine seine Frau für die Auswahl der Brillengestelle zuständig sein würde: »Man kann es drehen wie man will«, sagt Magda mit einem Augenzwinkern, »aber Frauen haben einfach einen treffsichereren Geschmack.« Sie fährt auf viele internationale Messen, um die angesagtesten Brillengestelle für ihre Kunden, die von weither nach Valeggio kommen, zu besorgen. Sie ist auch eine Meisterin der ehrlichen und fachkundigen Beratung.

Da ihr Mode und Design in die Wiege gelegt wurden, reichten Brillengestelle der quirligen Signora nicht. Deshalb begann sie, Schmuck aus Perlen, Saphiren, Rubinen, Korallen, Opalen und vielen anderen Steinen zu designen und fertigt die Schmuckstücke teils sogar selbst an. Es sind immer Unikate! Suchen Sie zu einem besonders schönen Kleid den passenden Halsschmuck auf einem vernünftigen Preisniveau? Ecco! 1999 erweiterte Magda den Brillenladen um eine *gioielleria*, eine Schmuckecke.

Ottica Martinelli e Le Gioie di Magda · Via San Rocco 39 · 37067 Valeggio s. Mincio
Tel. +39 045 795 02 67

Sembeni A.
Made in Italy
Sembeni A.
Sembeni A.

TOLLE SCHUHE IN JEDER WUNSCHFARBE

10

... die gibt es im kleinen, unscheinbaren Ort Sandrà und in dem noch unscheinbareren Schuhladen der Familie Sembeni. Hinter dem versteckt liegenden Schaufenster, das an die 1970er-Jahre erinnert, liegt die Werkstatt, in der (fast) alle Schuhwünsche von »La Signora« erfüllt werden.

Damenschuhe nach Maß und in der gewünschten Farbe, das war schon für den Großvater von Dante und Alberto Sembeni eine Herausforderung. 1956 begeisterte er auf der Handwerksmesse in München die Besucher mit seinen perfekt passenden Maßschuhen, ausschließlich für zarte Damenfüße. Viele deutsche Magazine schrieben damals über den Schuhmacher aus Verona. Am guten Sitz der Schuhe hat sich bis heute nichts geändert, lediglich die Farbvielfalt des Leders ist bunter geworden.

Sie müssen den Laden aber erst mal finden, und das ist nicht so leicht, denn es gibt zwar ein Schaufenster, aber kein Namensschild oder einen Hinweis auf einen Schuhladen. »Ach, das brauchen wir nicht«, erklärt Alberto Sembeni und ergänzt: »Einheimische und Schuhfans kennen uns, und außerdem haben wir ohnehin genug Arbeit …«

Für jede Saison entwerfen die Sembenis neue Modelle, die man sich dann im Laden ansehen und probieren kann. Der Schuh passt, der Stil gefällt – aber Sie hätten ihn gern in Quietschgelb, Königsblau, Tomatenrot oder Zartrosa? Schon kommt Signor Sembeni mit einer enormen Auswahl an Lederflecken in den unterschiedlichsten Farben und Narbungen. Ja, und dann brauchen Sie nur noch ein wenig Geduld, bis die ganz individuellen Schuhe fertig sind. Fehlt noch eine farblich passende Tasche? Auch kein Problem, denn auch die wird nach den eigenen Vorstellungen angefertigt.

Bei Sembeni werden Frauen-Schuhträume wahr – vom hohen Pumps bis zum flachen Sportschuh –, allerdings keine orthopädischen Gesundheitsschuhe. Ausschließlich schicke Schuhe für die *bellezza* und das zu wirklich moderaten Preisen!

Sembeni · Via Garibaldi 37 · 37014 Sandrà · Mo–Sa 9–12 u. 15.30–18.30 Uhr
Facebook: Calzature-Sembeni

11 EIS UND KÄSE – FRISCH VON DER KUH

Der italienischen Krise getrotzt hat Familie Tabarini. Statt zu jammern, erweiterten sie ihren Bauernhof um eine moderne Käserei, eine Gelateria und einen schicken Verkaufsraum, wo sie nun, inmitten der Natur, alles – sozusagen frisch von der Kuh – verkaufen.

Kurze Wege sind die Erfolgsgarantie im Corte Vittoria, denn, bei den Tabarinis liegt der Kuhstall nur wenige Schritte von den *laboratori* (Herstellungsräumen) entfernt. Die frisch gemolkene Milch wird sofort zu feinstem Milchspeiseeis, Joghurt, Ricotta oder Käse verarbeitet.

Massimo Tabarini führt in der dritten Generation den Bauernhof und merkte, dass es für seine drei Söhne nicht leicht sein würde, den landwirtschaftlichen Betrieb trotz Mais- und Weizenfeldern, zwei Hektar Rebfläche und 200 Kühen im Stall gewinnbringend aufrechtzuerhalten. Gemeinsam mit seinen Söhnen, alle drei mit Liebe und Leidenschaft für den elterlichen Bauernhof versehen, beschloss er, viel Geld in eine »Agrigelateria« und eine moderne Käserei zu investieren. Alberto, der Älteste, ging, nachdem er sein Abitur in der Tasche hatte, nach Piemont zu einem erfahrenen Käsermeister, um dort dieses Handwerk zu erlernen. Der zweite Sohn machte eine Ausbildung zum *gelataio* und ist nun für die Herstellung des feinen Eises verantwortlich. Der jüngste Bruder wird nach seiner Ausbildung zum Agronom ebenfalls im elterlichen Betrieb mitarbeiten.

Im Sommer 2014 war die Eröffnung des hellen, freundlichen Verkaufsladens, wo Sie verschiedenste Eissorten, superfrischen Joghurt, Stracchino und Ricotta sowie die verschiedensten Käsesorten kaufen können. Da das Custoza-Gebiet kein ausgewiesenes Gebiet für die Käseproduktion ist, heißen die Käse Monte Custoza statt Monte Veronese oder Verde Prato statt Gorgonzola, usw. Sie schmecken köstlich aromatisch, und natürlich dürfen Sie vor dem Kauf auch probieren. Drinnen oder unter schattigen Sonnenschirmen im Garten können Sie eine kleine Brotzeit machen oder das frisch zubereitete Eis genießen.

Corte Vittoria · Azienda Agricola · Via Valle Molini 20 · Custoza di Sommacampagna
tgl. 9–12.30 und 15–19, Sa u. So 9–19 Uhr, Mo geschl. · Tel. +39 045 51 61 04 · www.cortevittoria.it

I GELATI

KOCHEN UND KUNST HARMONISCH VEREINT

12

Ein nicht alltägliches Ambiente und fantastische Gerichte erwartet die Gäste im Moscatello Muliner, wenige Minuten vom Gardasee entfernt. Das Landhaus hat einen individuellen Charme, geprägt von Lorenzo Bernardini, Architekt, Künstler und Sternekoch. Neben Architektur und Kunst entdeckte er seine Leidenschaft fürs Kochen und wurde rasch mit einem Michelinstern gekrönt. Im Moscatello verwöhnt er Gäste aus aller Welt mit seinen kulinarischen Köstlichkeiten, aber ohne auf einen Stern zu schielen. Seine Lebensgefährtin Giovanna sucht den passenden Wein zu den Gerichten aus. Die Wände der schicken Gästezimmer und Appartements schmücken Gemälde des Künstlers Bernardini.

Moscatello Muliner · Loc. Moscatello 3/5 · 25010 Pozzolengo · Tel. +39 030 91 85 21
Ruhetag: Di · www.agriturismomoscatello.it

AROMATISCH DUFTENDES LEBENSELIXIER

13

Im historischen Zentrum von Padenghe befindet sich die liebenswerte Bottega del Caffè, die Anita mit Fachwissen und Charme führt. Sie müssen einfach dem verlockenden Kaffeeduft folgen, dann verfehlen Sie den kleinen Laden unter den Arkaden ganz bestimmt nicht.

Die Allgäuerin ist der Liebe wegen an den Gardasee gezogen, hat sich dann aber nicht nur in ihren Mann verliebt, sondern auch in die Arbeit ihres Schwiegervaters, der eine traditionsreiche Kaffeerösterei betrieb. Nach intensiven Schulungen ist Anita seit 2009 Spezialistin für sortenreine Kaffees aus unterschiedlichen Ländern. Sie stellt auf Wunsch Ihre ganz persönliche Mischung zusammen – Sie dürfen auch verkosten. Planen Sie ein wenig Zeit ein, denn Anita kann unglaublich anschaulich und voller Enthusiasmus erklären.

Caffè G. Martini · Kaffeerösterei, Bottega del Caffè · Via Chiesa 34 · 25080 Padenghe
Tel. +39 349 068 55 32 · Öffnungszeiten siehe Webseite · www.caffemartini.eu

14 EXZELLENTES OLIVENÖL IN NOBLEN FLAKONS

Ob Gianfranco Comincioli mehr wegen seiner charakteristischen Weine oder seiner sensationellen Olivenöle so berühmt ist, und das nicht nur am Gardasee, sei dahingestellt. Genießer, die Wert auf höchste Qualität legen, pilgern zu ihm hinauf nach Castello, einem Ortsteil von Puegnago.

Er ist eine Persönlichkeit, sagen die Einheimischen, und wer ihn kennengelernt hat, wird es bestätigen. Seit 1978 führt Gianfranco das 1552 gegründete Familienweingut in der 14. Generation, die 15. Generation, seine Söhne Andrea und Roberto, sind schon voll im Betrieb integriert und seit 2014 gibt es eine 16. Generation.

Weinreben und Olivenbäume wuchsen im hügeligen Umland seit jeher und Familie Comincioli hat daraus schon immer Weine gekeltert und Olivenöl für den Hausgebrauch gepresst. Nachdem Gianfranco das Weingut übernahm, machte ihn ein Professor darauf aufmerksam, dass Olivenöl wichtig für die Gesundheit sei. Das beeindruckte und beschäftigte ihn so sehr, dass er von da an seinen Olivenbäumen vermehrte Aufmerksamkeit schenkte. Nach so mancher Enttäuschung fand er schließlich seinen Weg: sortenreiner Ausbau, Handlese, rasche Verarbeitung innerhalb von vier Stunden, Entkernen der Oliven, Pressen ohne Sauerstoff und penible Sauberkeit in seiner Ölmühle. Nebenbei bemerkt: Seine Ölmühle gleicht einem OP-Saal. Da Gianfranco viel Sinn für schöne Dinge hat, wählte er für sein international stets hoch bewertetes Öl eine ganz besondere Verpackung: einen noblen, quadratischen Würfel, der bereits Kultstatus hat.

Aber Sie würden wirklich etwas versäumen, wenn Sie »nur« wegen des Olivenöls kommen würden. Alle Weine des Weinguts, ob weiß, rosé oder rot, haben Persönlichkeit, wie der Winzer, der sie vinifiziert.

Das Angebot wird abgerundet mit zwei außergewöhnlichen Spumante, mal rosé, mal weiß, einem fantastischen Grappa und ganz neu, einem Vermouth auf Weinbasis, mit Kräutern und bitteren Gewürzen.

Azienda Agricola Comincioli · Via Roma 10 · Frazione Castello · 25080 Puegnago del Garda
Tel. +39 0365 65 11 41 · www.comincioli.it

TASSONI – KULTDRINK MIT LANGER TRADITION

15

Im 18. Jahrhundert prägten Cedrobäume mit ihren gelbgrünen Früchten die Landschaft der Riviera Limone. 1868 entdeckte der Apotheker Nicola Tassoni gemeinsam mit Paolo Amadei die gesunde Wirkung und das köstliche Aroma dieser Frucht und destillierte daraus das »Acqua di tutto Cedro«.

1921 war die Geburtsstunde von Cedral Tassoni, auch »Cedrata« genannt. Carlo, der Sohn von Paolo Amadei, erfand den unvergleichlichen Sirup aus Cedro, aus dem dann in den 1950er-Jahren Tassoni Soda entstand, ein Getränk mit der richtigen Dosis Cedro, trinkfertig vermischt mit Soda. Abgefüllt wurde der Drink in kleine Fläschchen im Liberty-Stil, so wie sie heute auch noch auf dem Markt sind. Zu dieser Zeit startete die Firma – längst ein industrieller Familienbetrieb – eine sensationelle nationale Werbekampagne.

Da die Cedrofrüchte der lombardischen Gardaseeküste nicht mehr ausreichen, kommen die aromatischen Früchte heute aus Kalabrien. Für das einzigartige Aroma wird lediglich die Schale benötigt, die eingeweicht wird und anschließend auf traditionelle Weise mit Wasserdampf destilliert.

Das Geheimnis des guten Geschmacks sind die natürlichen Rohstoffe. Seit 2014 ist »Tonica Tassoni« mit Aroma di Cedro auf dem Markt und seit 2015 Fior di Sambuco, ein köstlicher alkoholfreier Drink aus Holunderblüten, beide in den klassischen Fläschchen. 2016 ergänzte die Firma Tassoni ihr Portfolio mit einem alkoholfreien Bio-Drink, »Mirto in Fiore«, mit angenehmem Myrte-Geschmack, und 2018 mit »Pescamara Tassoni«, einem köstlichen Getränk aus Pfirsichsaft mit einem Touch Bittermandelaroma, ebenfalls bio. In der Fußgängerzone von Salò gibt es seit 2014 die Tassoni-Bar, wo Sie raffinierte Drinks aus den Produkten des Hauses genießen können. Die alten, wunderschönen Werbetafeln aus den 1950er- und 1960er-Jahren verleihen der kleinen Bar eine angenehme Atmosphäre. Ein abgeschnittener Cinquecento, gefüllt mit einem Mix an Tassoni-Fläschen, ist der Hingucker im Schaufenster, den Sie beim Bummel in der Altstadt von Salò nicht übersehen können.

Tassoni-Bar · Via S. Carlo 28 · 25087 Salò · Tel. +39 338 158 86 84 · www.cedraltassoni.it
Mo geschl. Di–Fr 10–13 und 16–20, Sa 11–13 und 16–24 (nur im Sommer), So 11–20 Uhr

16 EIS SCHLECKEN IN SALÒ, GLEICH BEIM DOM

Was wäre ein Urlaub am Gardasee ohne Eis? Es gehört dazu wie das Rauschen des Sees und der tägliche Stau auf den Straßen entlang seiner Ufer. Wo es das beste Eis gibt, darüber wird immer wieder heftig diskutiert. Vor dem Dom in Salò, auf der linken Seite, ist eine der heißesten Adressen!

Eine Menschenschlange signalisiert, dass es hier etwas sehr Gutes geben muss. Bei näherer Betrachtung erkennen Sie einen winzigen Laden, wo es seit 2002 feinstes Eis zum Mitnehmen gibt. Joseph Barone, der gelernte Koch, der zehn Jahre in Hamburg gearbeitet hat, wollte eigentlich nach der Geburt seiner Tochter wieder in seine Heimat Neapel zurückkehren. Bei Freunden in Salò machte er mit seiner Familie einen Zwischenstopp. Weil er sich in Salò so wohlfühlte und ihm das Städtchen so gut gefiel, fing er an, in einigen Restaurants zu arbeiten. Bald aber merkte er, dass seine eigentliche Leidenschaft die Zubereitung süßer Leckereien ist. Er mietete den kleinen Laden am Dom und begann Eis zu machen. Aber nicht irgendein Eis, nein, nur aus allerbesten und frischesten Zutaten. Der kleine Eisladen wurde bald rund um den Benaco bekannt und das Geschäft florierte. Daher beschloss der kreative Dolci-Künstler, nun auch Pralinen und vieles andere aus erlesenster Schokolade und feinsten Zutaten herzustellen.

Eine traditionelle Kultadresse für Süßschnäbel ist auch die Pasticceria Vassalli, Via San Carlo 86, www.pasticceria-vassalli.it.

Anfang 2019 eröffnete der Maestro der unwiderstehlichen Dolci ein hübsches Café mit dem bezeichnenden Namen Casa del Dolce, ganz in der Nähe des Doms. Dort können Sie sein feines Eis und die anderen süßen Verlockungen gemütlich im Sitzen genießen. Den kleinen Eisshop vor dem Dom gibt es aber nach wie vor, und Sie sollten sich wirklich nach dem Besuch des sehenswerten Duomo di Santa Maria Annunziata in die Schlange der wartenden Eisliebhaber einreihen. Es lohnt sich.

Casa del Dolce · Piazza Duomo 1 (Eis zum Mitnehmen, tgl. 7.30–24 Uhr) · Via Gerolamo Fantoni 105 25087 Salò (Café) · Tel. +39 346 329 74 45 · tägl. 7.30–24 Uhr · www.lacasadeldolce.eu

LA CASA del DOLCE
I VEGANI:
*MANDORLA DI NOTO
*PISTACCHIO TENUTA SAN BIAGGIO
*NOCCIOLA
*SORBETTO AL CIOCCOLATO ACERO FONDENTE
LE CREME:
* PLASMON
* CASSATA SICILIANA
* STRANOCCIOLA ALLA NUTELLA
*ORGASMA
* LIQUIRIZIA DI ROSSANO CALABRO
* ATOMICA BLONDIE
* TIRAMISÙ
* TARTUFO ALL'ARANCIO

DER WEINBERG MITTEN IN BRESCIA

17

Mag sein, dass Wien mit 612 Hektar Rebfläche den Weinberg am Fuße des Castello di Brescia mit knapp vier Hektar an Größe übertrumpft. Wenn es jedoch um das Alter geht, hat Brescia die Nase vorn. Einmalig ist auch die Rebsorte Invernenga, aus der ein charaktervoller Weißwein gekeltert wird.

Pusterla heißt der kleine Weinberg am Monte Cidneo, am Fuße des mächtigen Castello di Brescia. Man vermutet, dass bereits im Jahre 1037 dort Rebstöcke gepflanzt wurden. Dokumente über die Existenz des Weinbergs sind datiert auf das Jahr 1225. Gesichert ist auch, dass die Weine in der Mensa des Langobardenklosters Santa Giulia ausgeschenkt wurden. 1940 kreierte der damalige Besitzer Mario Capretti die Marke Pusterla und erlangte mit seinen Weinen viele Auszeichnungen. Zu den großen Bewunderern der Weine zählte unter anderem auch Winston Churchill. Im Jahr 2007 verlieh Slow Food dem Weinberg den Titel »Patrimonio Storico della Cultura Agroalimentare Ambientale«.

2011 übernahm Maria Capretti das historische Familienerbe und kümmerte sich um die etwas heruntergekommenen, teils hundertjährigen Invernenga-Reben. Im Juli 2020 übergab sie die Geschicke des Weinbergs an Emanuele Rabotti, Besitzer der Kellerei Monte Rossa in der Franciacorta, weil er weitreichende Kenntnis über die Weinkultur und eine besondere Liebe zur Stadt Brescia hat. Er kümmert sich fortan um die vier Hektar Reben inmitten der Stadt und natürlich um den besonderen Wein aus der Invernenga-Traube, die einzigartig ist. »Ich bin stolz, dass nun dieses vinophile Schmuckstück unsere Weinkollektion ergänzt«, sagt Signor Rabotti und fährt fort: »Pusterla ist für mich nicht nur ein Weinberg, sondern auch eine Wertschätzung für die Brescianer. Die Reben zu pflegen und einen bedeutenden Wein daraus zu keltern ist für mich eine große Herausforderung.« Der Wein heißt Bastione Pusterla Edizione N° 983, ist eine Spätlese und eine echte Rarität. Als Magnum können Sie ihn im Weingut Monte Rossa erstehen.

Vigneto Pusterla · Via Pusterla 34 · 25010 Brescia · Mehr Infos und den Wein gibt es bei Società Agricola Monte Rossa srl · Via Monte Rossa 1 · 25040 Bornato di Cazzago · www.monterossa.com

18 HERZHAFT GENIESSEN IN URIGEN OSTERIEN

Osterien gehören zu Brescia wie die prachtvollen Plätze, die malerischen Arkadengänge und die Kunst und die Kultur, die man auf Schritt und Tritt entdeckt. Die Gerichte, die in den urigen Lokalen aufgetischt werden, sind deftig und schmackhaft. Dazu ein Wein der Region – was will man mehr?

Speisekarten sind meist Fehlanzeige, in den meisten Osterien werden Ihnen die Speisen *a voce*, also mündlich, vorgestellt. Und das mit so viel Herzlichkeit, dass einem schon beim Zuhören das Wasser im Mund zusammenläuft. Für Vegetarier sieht es allerdings schlecht aus, denn die lombardische Küche ist fleischlastig. Nahe dem Museum Santa Giulia, in der Via Musei 47a, liegt die Trattoria Al Fontanone, wo Sie mit guter Hausmannskost verwöhnt werden. Die Ruhetage (Sonntagabend und Montag) sind den Öffnungszeiten des Museums angepasst.

Fleischesser sind in der Trattoria Mangiafuoco genau richtig, denn der Besitzer ist Spezialist, wenn es um Fleisch und Würste geht. Ein großzügiger Gewölberaum und der freundliche Service sorgen fürs Wohlfühlen. Das sympathische Lokal, das auch von den Einheimischen sehr geschätzt wird, liegt in der Via Calzavellia 3a (www.trattoriamangiafuoco.it). Parkplätze sind in Brescia, der Stadt mit den vielen Einbahnstraßen, Mangelware. Am besten lassen Sie das Auto in der Tiefgarage an der Piazza Vittoria. Von dort ist diese Trattoria nur wenige Minuten entfernt.

Ebenso wie die älteste Osteria von Brescia, Al Bianchi. Die seit der Gründung 1881 niemals veränderte Osteria liegt im Herzen der Altstadt in einer der heimeligen, mittelalterlichen Gassen, einen Steinwurf von der Piazza della Loggia entfernt. Franco Masserdotti und sein Sohn Michele sorgen mit ihrer offenen, herzlichen Art dafür, dass Sie sich sofort wohlfühlen. Die Einheimischen sind hier Stammgäste. Obwohl die *primi* und *secondi* sehr gut schmecken, sollten Sie sich Platz für die hausgemachten Kuchen lassen. Und bei der Weinempfehlung können Sie sich getrost auf Vater und Sohn verlassen.

Osteria Al Bianchi · Via Gaspero da Salò 32 · 25121 Brescia · 9–14.30 u. 16.30–0 Uhr
Ruhetage Di, Mi · Tel. +39 030 29 23 28 · www.osteriaalbianchi.it

dal 1881
OSTERIA
IO NON
POSSO
ENTRARE

FEIN SPEISEN AM ROMANTISCHEN SEEUFER

19

Das Lido 84 liegt zwar direkt an der Gardesana, jedoch schirmt ein herrlicher Park das schicke, am Seeufer gelegene Restaurant perfekt ab. Auf der gepflegten Terrasse zu tafeln ist ein Erlebnis, aber ein unvergessliches Highlight ist es, die exquisiten Gerichte im dazugehörenden Turm zu genießen.

Das ist das Sahnehäubchen, wenn man zudem richtig verliebt ist! Einem romantischen Abend steht dann nichts mehr im Wege. Der Traumplatz für ein verliebtes Tête-à-Tête! Der Genussturm befindet sich am Ende der wunderschönen Terrasse inmitten des Parks. Ab zwei und bis zu acht Personen kann man das idyllische Türmchen reservieren. Bei all der Romantik und dem absoluten Vergnügen, direkt am See zu speisen – das kulinarisch Besondere am Lido 84 ist: Hier kocht der ehemalige Sternekoch Riccardo Caminini vom »Fiordaliso«. Die große Leidenschaft für die gehobene italienische Küche lernte der ehrgeizige junge Mann bei Gualtiero Marchesi, dem damals mit drei Michelinsternen gekrönten Starkoch Italiens. Nach Wanderjahren bei Spitzenköchen in England und Frankreich zog es ihn wieder zurück an den Lago, wo er 16 Jahre lang Küchenchef im Spitzenhotel Fiordaliso war, gekrönt mit einem Michelinstern.

Ende 2013 beschloss Caminini, seinen Traum von einem eigenen Restaurant zu verwirklichen. Wie so oft im Leben spielte der Zufall eine Rolle. Eigentlich wollte er ein Restaurant in Bergamo eröffnen, da bot ihm die Besitzerin das Lido 84 zum Kauf an. Er musste nicht groß überlegen, denn in dieses kleine Paradies war er schon lange verliebt. Seinen Bruder Giancarlo holte er gleich mit ins Boot. Der hängte seinen Beruf an den Nagel, um Riccardo zur Seite zu stehen. Gemeinsam gestalteten die beiden in Windeseile dieses ansprechende Restaurant-Ambiente und eröffneten das neue Lido 84. Was hier auf die Teller kommt, ist raffiniert und außergewöhnlich fein. Bereits ein Jahr nach der Eröffnung 2014 erhielt er wieder einen Michelinstern. Romantisches Gardasee-Feeling gibt's umsonst.

Ristorante Lido 84 · Corso Zanardelli 196 · 25083 Gardone Riviera · Tel. +39 0365 200 19
12.30–14.30 u. 19.30–22.30 Uhr, Di u. Mi geschl. · www.ristorantelido84.com

20 WO KAPERNSTRÄUCHER AUS WÄNDEN WACHSEN

Wenn Sie die Gardesana entlang von Salò nach Gargnano fahren, stehen Sie in den Sommermonaten leider meist im Stau! Sie haben dann also genügend Zeit, die Sträucher mit oft meterlangen Zweigen und exotisch wirkenden Blüten zu sehen, die wild aus den Steinmauern wachsen. Was wird das wohl sein?

Es sind Kapern, die hier wild aus den Natursteinmauern wachsen. Von Salò bis Gargnano gedeihen die Kapernsträucher in schwindelerregender Höhe seit dem 16. Jahrhundert, und seitdem haben die Hausfrauen die Früchte und Knospen gesammelt, eingesalzen und die Speisen damit gewürzt. Gemeinsam sind wir stark, sagten sich einige Bürger von Gargnano und gründeten 2012 die L'Associazione Terre&Sapori, mit dem Ziel, die Bekanntheit ihrer heimischen Produkte zu fördern. Die Mitglieder sind Bauern, die sich mit Leidenschaft um die Kultivierung ihrer Produkte kümmern, und Menschen, denen Kultur und Traditionen ihres Dorfes am Herzen liegen. Sie setzen sich ein für die Wertschätzung der typischen Produkte ihrer Heimat: Oliven, Zitrusfrüchte, Lorbeer, Kastanien, Weinreben und natürlich Kapern. Da der Kapernstrauch gleichzeitig Blüten und Knospen trägt, aus denen später die Früchte entstehen, ist die Verarbeitung aufwendig, denn: Früchte und Knospen werden getrennt geerntet und verarbeitet.

Wenn Sie mehr darüber und über die anderen Produkte aus Gargnago erfahren möchten, besuchen Sie am besten das jährlich im April stattfindende Fest »Giardini d'Agrumi«, das Terre&Sapori seit 2015 organisert. Zwei Tage lang können Sie die authentischen Produkte probieren und kaufen, zudem sind in dieser Zeit an die 20 private Zitrusgärten geöffnet. Ausstellungen, Führungen, Workshops, Musik und Kunst runden die Veranstaltung ab. Außerdem hat Terre&Sapori seit 2021 eine *Punta Vendita* in Gargnano eröffnet, wo man Kapern, Olivenöl, Honig und die überaus aromatischen Marmeladen aus Orangen und Zitronen kaufen kann.

L'Associazione di Promozione Sociale Terre&Sapori · Verkaufsshop: Via XXIV Maggio 14 Gargnano · Informationen über Giardini d'Agrumi und Öffnungszeiten des Shops unter www.terresapori.it

Itaca

Osteria
LA MINIERA

AROMATISCHES OLIVENÖL AUS TIGNALE

21

Wer in das 500 Meter hoch gelegene Tignale am Westufer hinauffährt, hat meist Wanderstiefel dabei, da es hier zahlreiche Wanderwege gibt, immer mit grandiosen Ausblicken auf den Benaco! Ein weiterer Grund für einen Ausflug hierher ist das sensationelle biologische Olivenöl der Ölmühle von Tignale. Die Oliven stammen von Bäumen, die an den steilen Berghängen der Hochebene wachsen. Jeder Laie sieht sofort, dass hier nur von Hand geerntet werden kann und dies mühevoll ist. Im modernen Verkaufsladen im Dorf können Sie neben dem normalen auch ein ganz spezielles und aromatisches Olivenöl kaufen, gemeinsam gepresst mit heimischen Orangen. Zudem können Sie sich in einem kleinen Naturpark-Museum über die Region und ihre Vegetation informieren.

Latteria Turnaria di Tignale · Biologisches Olivenöl · Via Manzoni 1 · 25080 Tignale
Mo–Sa 8–13 u. 16.30–19.30, So 8–13 Uhr · Tel. +39 0365 734 71 · latteriaturnaria.it

TRADITIONSKÜCHE MIT DEM GEWISSEN ETWAS

22

Die Küche auf der Hochebene von Tignale war stets herzhaft und bäuerlich geprägt. Verarbeitet wurde, was es auf dem Berg gab, und das war nicht wenig. Zwei Köche aus Tignale, Sergio Demonti und Giorgio Demonti, haben den heimischen Gerichten einen modernen Touch verliehen. Die Männer tragen zwar den gleichen Namen, betreiben aber zwei unterschiedliche Restaurants. Beide sind zu empfehlen.

Das Il Calderone, im kleinen Ortszentrum gelegen, empfängt Sie mit einem angenehmen Ambiente. Giorgio, der leidenschaftliche Koch und Besitzer des Restaurants, serviert kreative Küche aus heimischen Produkten. Ähnlich köstlich können Sie bei Sergio genießen. Seit 1997 kocht er seine traditionell-innovative Küche im La Minieria. Netten Service gibt's bei beiden.

La Miniera · Via Chiesa 9a · 25080 Tignale-Gardola · Di Ruhetag
Tel. +39 0365 76 02 25 · www.gardaminiera.it
Il Calderone · Via Trento 1 · 25080 Tignale · Mi Ruhetag · Tel. +39 0365 730 80

23 PICCO ROSSO – KNALLROT, HOCHPROZENTIG

Im kleinen, romantischen Ledrotal, wo in den Wäldern köstlichste Waldbeeren zuhauf gedeihen, überraschte der findige Apotheker Alberto Foletto seine Kunden 1940 mit einem leuchtend roten, hochprozentigen Likör aus Himbeeren und Erdbeeren, der die traurigen Kriegsjahre erträglicher machte.

»Picco Rosso« heißt das Ergebnis einer pharmazeutischen Forschung. Bereits die Vorfahren der Familie Foletto, die Anfang des 19. Jahrhunderts an den hintersten Zipfel des Ledrosees, nach Pieve, kamen, waren Apotheker und experimentierten mit Kräutern und Früchten. Achille Foletto war es, der 1940 aus reifen Himbeeren, Walderdbeeren und einem kleinen Geheimnis einen hochprozentigen Likör braute. Nicht nur die verlockende Farbe und das intensive Fruchtaroma, sondern auch die verdauungsfördernde Wirkung des Picco Rosso verhalfen ihm zum Erfolg. Likör ist sicherlich eine etwas fragwürdige Bezeichnung für ein Getränk mit 61 Prozent Alkohol, aber wenn's hilft und schmeckt?

Ein Ausflug ins Ledrotal lohnt aber nicht nur wegen des Picco Rosso und der unberührten Landschaft. Ein besonderes Erlebnis ist ein Besuch im Museo Achille Foletto in Pieve. Die Geschwister Annamaria, Chiara und Alberto haben 2011 ein nicht nur für Pharmazie-Interessierte sehenswertes Museum eröffnet. Neben wunderschönen Arzneimittelschränken und alten Gefäßen gibt es natürlich die ersten Destillierapparate zu sehen und alles Drumherum, was man benötigt, um Arzneimittel, Tinkturen – und selbstverständlich Hochprozentiges herzustellen.

Vielleicht sollten Sie aber von dem roten Likör nicht allzu viel probieren, denn der hat es wirklich in sich! Wenn Sie wieder einen klaren Kopf bekommen wollen, ist eine Abkühlung im klaren, tiefblauen Ledrosee genau das Richtige. In Pieve di Ledro finden Sie den größten Badestrand des Sees, dessen Wasser Trinkwasserqualität hat. In den umliegenden Trattorien gibt es gute, bodenständige Küche.

Museo del Laboratorio Farmaceutico Foletto · Via Cassoni 3
38067 Pieve di Ledro · Eintritt frei · Öffnungszeiten siehe Webseite · www.museofoletto.it

PICCO RO
VIGOROSAMENTE

GIOVANNI POLI
Grappa
Santa Massenza
DISTILLERIA GIOVANNI POLI E FIGLI S.N.C.
41% vol
RACCOLTO 2013

DAS GRAPPADORF SANTA MASSENZA

24

Ein feiner Grappaduft liegt in der Luft, besonders im Spätherbst und Winter, wenn die kleinen Brennereien die frisch angelieferten Trester brennen. Derzeit gibt es nur noch fünf aktive Destillerien im 150-Seelen-Dorf, bis in die 30er-Jahre des vergangenen Jahrhunderts waren es einmal dreizehn.

Das »Nizza von Trentino« nannte man das kleine Dorf, das war bevor 1952 das Wasserkraftwerk in Betrieb genommen wurde. Damals war der kleine Massenzasee noch smaragdgrün und die Wassertemperatur einladend zum Baden. Die Trentiner kamen sonntags zum Baden an den See, abends wurde gut gegessen, und damit die deftigen Gerichte nicht zu schwer im Magen liegen, gab es Grappa.

So wichtig der dort erzeugte Strom für die Bevölkerung im Valle dei Laghi (Tal der Seen) auch ist, die romantische Schönheit des Dorfes mit dem gleichnamigen See litt ein wenig darunter. Eines hat sich jedoch nicht geändert: die Liebe der Bewohner zum Grappabrennen. Santa Massenza ist das Dorf mit der höchsten Konzentration von Brennereien in Italien!

Fährt man von Trento auf der Landstraße nach Riva, liegt das Dörfchen, ein wenig versteckt, kurz vor dem Lago Toblino auf der rechten Seite. Ein Stopp lohnt, denn das ein wenig verschlafene Dorf hat seinen Reiz. Dass hier nur wenige Autos die Straßen passieren, sieht man allein daran, dass in den Ritzen des Kopfsteinpflasters das Gras wächst. Sie parken Ihr Auto am besten vor dem *piccolo centro* und spazieren zu Fuß weiter – von einer kleinen Brennerei zur nächsten. Alle, bis auf die Brennerei Maxentia, heißen Poli: mal Casimir, mal Giovanni, mal Giulio und Mauro und mal Francesco. Überall dürfen Sie verkosten und natürlich auch kaufen. Richtig was los ist im sonst so ruhigen Dorf in der »Nacht der Brennkolben« Anfang Dezember. Dann mischt sich der aromatische Duft frisch gebrannten Grappas mit den Aromen von Weihnachtsplätzchen. Übrigens machen fast alle Brenner in Santa Massenza auch Wein, allen voran den weißen Nosiola.

Grappabrennereien beim Spaziergang durch das Minidorf entdecken
Fraz. Santa Massenza · 38070 Vezzano · www.giovannipolisantamassenza.it

25 VILLA DELLA TORRE – VILLA DES WEINS

Es war seit jeher ein Traum der Winzerfamilie Allegrini, diese dem Verfall preisgegebene Villa in Fumane, im Herzen des Valpolicella-Classico-Gebiets, zu erwerben. 2008 war es endlich soweit! Seither wird die faszinierende Villa aus dem 16. Jahrhundert akribisch renoviert und ist nun ein sehenswertes Kleinod.

Umgeben von exzellenten Weinlagen schmiegt sich die Villa della Torre an die sanften Hügel der Valpolicella. Wer eine Rundreise von San Giorgio nach Fumane macht, kann einen atemberaubenden Blick von oben auf das prachtvolle Anwesen genießen. Errichtet hat dieses architektonische Meisterwerk inmitten der Valpolicella Giulio Romano, ein berühmter Renaissance-Architekt, im Jahre 1560, um sich an diesem paradiesischen Ort mit Intellektuellen zu treffen und über soziale, politische und religiöse Themen zu philosophieren.

Familie Allegrini, weltweit berühmt für große Weine aus der Valpolicella, hat dieses dem Verfall ausgelieferte Anwesen 2008 erstanden, aufwendig renoviert und eine einzigartige Begegnungsstätte für Weinliebhaber aus aller Welt geschaffen. Im »Wine & Art Relais di Villa della Torre« treffen sich alljährlich zur Weinmesse VinItaly geladene, internationale Experten. Wer möchte, kann in den eleganten Räumen, die jeglichen modernen Komfort bieten, auch seinen Urlaub verbringen. Private Weinliebhaber haben die Möglichkeit, sich im aparten Wine-Shop über alle guten Tropfen von Allegrini, auch aus ihren Gütern Bolgheri und Montalcino, zu informieren, sie zu verkosten und zu kaufen.

Lassen Sie es sich bei der Gelegenheit aber nicht entgehen, einen Blick in die fantastische Villa mit dem herrlichen Park zu werfen. Beeindruckend ist der prachtvolle Brunnen in der Mitte des Innenhofs, ein beliebter Treffpunkt bei großen Festen der Weinfamilie Allegrini. Beeindruckend sind auch die offenen grotesken Kamine in den prunkvollen Räumen, der verrückteste ist der mit dem aufgerissenen dämonischen Löwenmaul.

Villa della Torre, Weingut Allegrini · Via della Torre 25 · 37022 Fumane · Tel. +39 045 683 20 70
www.villadellatorre.it · Wineshop geöffnet Mo–Fr 10–18, Sa 10–17 Uhr

TRADITIONSKÜCHE UND GIGANTISCHER BLICK

26

Das Valpolicella-Gebiet erstreckt sich nördlich von Verona. Die Höhenunterschiede bewegen sich zwischen 70 Meter im Tal bis hinauf auf 400 Meter in den höheren Lagen. Und auf einer dieser Hochlagen kocht Signora Renza himmlische traditionelle Gerichte, und ihr Mann Stefano sucht die passenden Tröpfchen dazu aus.

Seit mehr als 30 Jahren ist das Alla Ruota eine zuverlässige Adresse für feine Traditionsküche, hervorragende Weinberatung und herzliche Gastfreundschaft. Hinter dem bekannten Weinort Negrar fahren Sie ständig auf einer Serpentinenstraße nach oben, bis Sie schließlich hinter dem Dörfchen Mazzano auf der rechten Seite eine riesige, gepflegte Terrasse sehen. Rein zufällig kommt man hier als Tourist nicht vorbei, es sei denn, man ist Weinfreak, denn hier oben befinden sich einige Toplagen der Valpolicella.

Einheimische Genießer schätzen die traditionellen, dem Zeitgeist angepassten Gerichte, die Renza in ihrer Küche zaubert, aber auch die unwiderstehlichen *dolci* ihrer Schwester Odilla. Obwohl der große Speiseraum stets ansprechend eingedeckt ist und der Blick in Stefanos Schatzkästchen, einen liebenswerten Weinkeller, erfreut: Am schönsten ist es doch, auf der Terrasse zu speisen. Der Ausblick auf die terrassenförmig angelegten Weinhügel, unterbrochen von Kirsch- und Olivenbäumen, ist fantastisch. An heißen Sommertagen ist das Alla Ruota ein perfekter Platz, um der großen Hitze zu entfliehen, denn hier oben weht immer ein leichtes Lüftchen.

Stefano kennt sich gut aus, wenn es um die Weine der Valpolicella geht. Er hält immer besondere Tröpfchen bereit, die nicht auf der Karte stehen, weil er sie gerade neu entdeckt hat oder weil es davon nur wenige Flaschen gibt. Als Weinliebhaber lernt man so immer wieder weniger bekannte, aber gute Winzer kennen. Wenn Sie nach einem weinseligen Abend an die kurvenreiche Fahrt ins Tal denken – keine Sorge, nahe der Trattoria haben Renza und Stefano ein altes *rustico* niveauvoll renoviert. Hier können Sie in aller Ruhe inmitten der Natur übernachten.

Trattoria Alla Ruota · Via Proale 6 · 37024 Mazzano di Negrar · Mo u. Di geschlossen
Tel. +39 045 752 56 05 · www.trattoriaallaruota.com

27 KRÄMERLADEN MIT ÜBERRASCHUNG

Rein zufällig kommen Sie an diesem versteckt gelegenen Krämerladen nicht vorbei. Und selbst wenn - Sie würden kaum vermuten, dass Sie etwas versäumen, wenn Sie hier nicht einkaufen. Es wäre aber ein Fehler, denn am hinteren Ende des Lebensmittelladens von anno dazumal wartet ein verführerisches Käseparadies.

Käse-Affineur Giuseppe Bernardinelli verdankt seine Leidenschaft einem Zufall. Giuseppe studierte Architektur, denn er hatte keine Lust, den elterlichen Gemischtwarenladen zu übernehmen. Als seine Mutter erkrankte, bat ihn sein Vater, ihm während dieser Zeit im Laden zur Hand zu gehen. Die Krankheit zog sich über einen längeren Zeitraum hin, und so begann Giuseppe, teils aus Langeweile, sich mit dem damals kleinen, regionalen Käseangebot zu beschäftigen. Von Tag zu Tag wuchs seine Begeisterung und er beschloss, sich zum Käse-Affineur ausbilden zu lassen. Gleichzeitig begann er in kleineren Käsereien in ganz Italien nach ehrlichen Produkten zu suchen. Die Kellerräume des elterlichen Hauses aus dem 14. Jahrhundert offenbarten sich als optimaler Reifekeller. Diese genussvollen Erfahrungen begeisterten den jungen Architekturstudenten so sehr, dass er beschloss, zukünftig statt Häuser zu bauen, Käse zu verfeinern.

Heute hat der Käseliebhaber hier die Qual der Wahl, denn über 400 Sorten schlummern in der langen Theke am Ende des klassischen Krämerladens. Hier findet man Raritäten wie Parmesan aus der Milch von weißen Kühen, von dem es nur einen einzigen Produzenten gibt. Einzigartig ist auch der lang gereifte Gorgonzola, der mit Rum und feinstem Kakao verfeinert wird. Ein besonderes Geschmackserlebnis! Werfen Sie unbedingt einen Blick in den Reifekeller unter dem Laden, wo die Käselaibe in Heu oder Stroh verpackt ihrer geschmacklichen Vollendung entgegenreifen. Hinweisschilder zum Käseparadies sucht man vergebens – Feinschmecker aus aller Welt finden den Weg. Bill Gates und Mick Jagger waren schon da … Und Sie?

I Sapori del Portico · F.lli Bernardinelli S.n.c. · Via San Francesco, 48
37024 Arbizzano di Valpolicella · 8–12.30, 16–19 Uhr, Mi. nachm. und So geschl.
Tel. +39 045 961 05 34 · www.saporidelportico.it

DER BIOGARTEN AUF TAUSEND METER HÖHE

28

Fährt man von Rovereto nach Torbole, biegt man in Loppio rechts ab. Felder mit Kohl, mit Lauch oder Kartoffeln tauchen hier auf. Sie sind keiner Umweltbelastung ausgesetzt und durch die Bondone-Stivo-Bergkette klimatisch begünstigt: das trentische Bio-Paradies.

Der Koch Giovanni Benedetti erkannte nach internationalen Wanderjahren, dass er in seiner Heimat alles erhält, was er für wohlschmeckende Gerichte benötigt. Er baute das Bergbauernhaus seiner Eltern aus dem 14. Jahrhundert in ein Restaurant mit einem aparten B&B um. Die Harmonie zwischen alt und modern ist ihm und seiner Frau Erica bestens gelungen. Begeisternd ist seine raffinierte Küche aus heimischen Produkten, stets mit Augenmerk auf Leichtigkeit und Natürlichkeit.

Antica Gardumo · Via ai Piani 1 · 38060 Ronzo Chienis · Öffnungszeiten siehe Webseite unter »i nostri orari« · Tel. +39 0464 80 28 55 · www.anticagardumo.it

CAFÉ CARDUCCI – EINE »BOTTEGA STORICA«

29

»Bottega Storica« ist eine hochgeschätzte Auszeichnung in Verona, die nur traditionellen Lokalen zuteil wird. Die Bedingungen sind, dass das Lokal seit mindestens 40 Jahren von derselben Familie geführt wird und in einem geschichtsträchtigen Bauwerk untergebracht ist. Das Café Carducci erfüllt diese Kriterien problemlos, ja, es ist sogar eines der traditionellsten Häuser dieser Art in Verona. 1928 eröffnete der Urgroßvater von Stefano Bianconi, dem jetzigen Betreiber, die Osteria. 1950 dann baute Stefanos Vater das Lokal um, und seit 2000 leitet Stefano das Café. An der Philosophie seiner Familie hat sich aber in all den Jahren nichts geändert. Morgens können Sie dort den Tag mit einem Cappuccino beginnen, mittags bereitet der Koch Ihnen leckere Pasta zu und abends treffen Sie hier Freunde auf ein Glas Wein.

Café Carducci · Via Carducci 12 · 37121 Verona · Di–Sa 8-15 u. 18–23 Uhr
Tel. +39 045 803 06 04 · www.cafecarducci.it

GENUSS UNTER DEN ARKADEN VON VERONA

30

»Panta rhei« - alles fließt, das trifft nicht nur auf das Wasser der Etsch zu, die durch Verona rauscht, sondern auch auf die vom Wein geprägte gastronomische Kultur der Stadt. »Andar per goti«, auf ein Glas Wein gehen, war und ist auch heute noch ein festes Ritual bei den Veronesern.

Die Via Sottoriva ist eine der charakteristischen Straßen von Verona, und wer die entlangbummelt, fühlt sich in eine längst vergangene Zeit zurückversetzt. Damals, als vom reißenden Fluss viele Mühlen angetrieben wurden, die das Mehl für die frische Pasta lieferten, trank man unter den Arkaden stets Custoza oder einen roten Bardolino-Wein aus einem standfesten Becher. Dieser Brauch, auf ein Gläschen zu gehen, ist bis heute lebendig, nur dass die plumpen Becher von feinen Gläsern abgelöst wurden. Statt des Weins sieht man, dem Modetrend entsprechend, orangeroten Aperol Spritz in den Gläsern schimmern. Allerdings ist dieses lockere Treffen umgezogen in die Gassen rings um die Piazza delle Erbe, wo das abendliche Sehen und Gesehenwerden stattfindet.

In den verbliebenen alten Schankstätten unter den Arkaden der Sottoriva, wo immer Wein vom Fass ausgeschenkt wurde, scheint hingegen die Zeit stehen geblieben zu sein. Die, die immer noch gerne hier sitzen, sind vom alten Schlag – und fest von der Heilkraft des Weins überzeugt, denn: »Vino fa buon sangue« (»Wein macht gutes Blut«). So Unrecht haben die alten Herren von der Sottoriva nicht, denn die moderne Medizin weiß, dass etwas Wein absolut förderlich für eine gute Gesundheit ist. Niemals darf man jedoch vergessen, dass für Veroneser Trinken ohne gleichzeitig den Magen zu verwöhnen undenkbar ist, weder in den simplen Osterien in der Via Sottoriva noch in den schicken Winebars. Hier wie dort türmen sich auf den Tresen schmackhafte Häppchen, bei denen man aufpassen muss, sich nicht bereits mit dem Aperitif den Appetit auf das Abendessen zu verderben.

Osteria Sottoriva ist nur eine der zahlreichen heimeligen Osterien in dem alten Veroneser Viertel
Via Sottoriva 23 · Tel. +39 045 800 99 04 · mehr Informationen zu Verona: www.tourism.verona.it

31 GÜRTEL UND TASCHEN – MADE IN VERONA

L.C.B. Company wurde in den 1960er-Jahren von Signor Corrado Mozzo gegründet. Mit Kreativität und großer Leidenschaft für besonders schöne, handwerklich hergestellte Dinge begann er, in einer kleinen Werkstatt vor den Toren Veronas zuerst hochwertigen Modeschmuck, ein wenig später zudem edle Gürtel aus Leder und Metall herzustellen. Seine von ihm entworfenen Gürtel zeigen eine so exquisite Kombination von diesen Materialien, dass sie heute weltweit nachgefragt, vertrieben – und auch kopiert werden. Das Besondere an den orginal L.C.B.-Gürteln und -Taschen ist aber, dass nur allerfeinste Materialien verwendet werden und alles in Handarbeit hergestellt ist.

Blue Express · Family-Laden von L.C.B. u.a. · Via Quattro Spade 7 · 37121 Verona
Tel. +39 045 927 30 44 · https://bluexpress.com

32 SYMPATHISCHE LÄDEN IM VIERTEL VERONETTA

Veronetta heißt der älteste Stadtteil Veronas auf der linken Etschseite. Neben Sehenswürdigkeiten wie dem Teatro Romano und dem Castello sind es vor allem die kleinen Gassen, die dem Viertel Charme verleihen.

Da ist zum Beispiel der Schmuckladen von Cesare Soprana in der Via G. Carducci. Cesare Soprana ist schon seit 40 Jahren Goldschmied und das eigentlich nur, weil er keine Lust mehr hatte, in die Schule zu gehen. In den 1950er-Jahren bot eine Goldschmiedin seinen Eltern an, ihm ein Handwerk beizubringen. Und damit traf sie ins Schwarze. Mittlerweile hat Cesare unzählige Auszeichnungen gewonnen – und auch seinen Schulabschluss nachgeholt. Wenn Sie also ein besonderes Schmuckstück suchen, dann ist sein kleiner, feiner Schmuckladen ganz sicher das richtige Ziel für Sie. Und ein Bummel durch das Viertel lohnt sich sowieso.

Gioielli Soprana · Via Giosuè Carducci 11 · 37129 Verona · Tel. +39 045 803 22 24
Öffnungszeiten siehe Webseite unter »orari« · www.gioiellisoprana.it

DAS SÜSSE PARADIES: DOLCE LOCANDA

33

Die Pasticceria-Dynastie in und um Verona heißt Perbellini. Alles begann in Bovolone, einem ziemlich gottverlassenen Dorf im südlichen Hinterland von Verona. Hier wurde 1891 das Rezept für die »Offella d'Oro« erfunden, einen Hefekuchen, der bei der Veroneser Weihnacht nicht fehlen darf.

Ernesto Perbellini erfand in den 1950er-Jahren die »Millefoglie Strachin«. Die *torta millefoglie* gehört zu Verona wie die Arena und die von Perbellini ist einzigartig. Das beginnt beim Blätterteig, der im wahrsten Sinne des Wortes den Namen »tausend Blätter« verdient. Hinzu kommt, dass diese knusprigen Teigplatten nicht mit einer, wie sonst üblich, festen Konditorcreme, sondern mit einer luftigen Creme gefüllt sind, die *strachin* heißt. Der Name beschreibt die Konsistenz der Füllung. Da diese bereits kurz nach der Zubereitung unweigerlich in sich zusammensackt, sagt man im veronesischen Dialekt dazu »la se straca«.

Ernestos Enkel, Giancarlo Perbellini, seit 1992 mit zwei Michelin-Sternen ausgezeichnet, hat 2014 einen weiteren Laden mit den feinen *dolci* in die Altstadt von Verona verlegt. In seiner neuen Pasticceria gibt es neben den Klassikern *pandoro* und *millefoglie* viele unwiderstehliche Törtchen und Pralinen. Sie können in die Konditoreiwerkstatt schauen, den Back-Künstlern bei der Arbeit zusehen und darauf warten, dass Ihnen das Wasser im Munde zusammenläuft. Seit April 2021 gibt es in der Dolce Locanda auch Eis zum Mitnehmen, so entwickelt, dass es auch den Transport nach Hause gut übersteht. Es ist besonders leicht bekömmlich und wird nur aus besten, frischen biologischen Zutaten zubereitet. Das Augenmerk gilt dabei besonders der gesunden Ausgewogenheit von Fett und Zucker. Wenn Sie die kreativen Kochkünste von Giancarlo Perbellini in Verona genießen möchten, dann besuchen Sie sein außergewöhnliches Zwei-Sterne-Restaurant Casa Perbellini an der Piazza San Zeno, wo Sie ihn und sein Team beim Kochen beobachten können.

Dolce Locanda · Via Catullo 12 · Di–Sa 8–18, So 8–12.30 Uhr · Tel. +39 045 800 42 11
www.dolcelocanda.it

34 DAMPFENDE, LOCKENDE FLEISCHBERGE

Das Ristorante Cavour in Dossobuono, nahe dem Flughafen von Verona gelegen, ist der Hotspot für Liebhaber einer *bollito misto*. Heiß dampfend werden die Fleischstücke auf einem *carello* ins Lokal gefahren. Dann haben Sie die Qual der Wahl: Ein Stück vom Huhn, von der Rinderzunge, vom *zampone* oder lieber ein herzhafter Schweinebraten? Niemals fehlen darf dazu die *pearà*, eine Brot-Mark-Soße, frischer Kren, knackige Kräutersoße und eine *mostarda* (eingelegte Senffrüchte). Dazu gibt es Gemüse oder Salat. Aber aufpassen beim Beladen der Teller! Denn zum Dessert wird ein weiterer üppig gefüllter Wagen in den Speiseraum gerollt, dieses Mal mit hausgemachten *dolci* – und die sind jede Sünde wert.

Ristorante Cavour · Via Cavour 40 · 37062 Dossobuono · Tel. +39 045 51 30 38
Öffnungszeiten siehe Website · www.ristorantecavourverona.it

35 KNACKIGES GEMÜSE, FRÜCHTE UND MEHR

Mit dem hübsch arrangierten Obst und den zahlreichen Gemüsesorten ist der Laden von Gianni und Assunta Magosso schon von außen eine wahre Augenweide. Hier bekommen Sie aber nicht nur marktfrisches Gemüse und Früchte, sondern auch Reis, Pasta, Essig, Olivenöl und vieles mehr, was Genießerherzen begehren.

Giannis ganz besondere Leidenschaft sind Weine, wie man unschwer an der liebevoll gestalteten Weinnische sehen kann. Neben einer entsprechend riesigen Auswahl aus ganz Italien ist er zudem bekannt für das größte Champagnerangebot in Verona. Weinfreaks entdecken hier die edelsten Tropfen aus der Region und allerfeinste Spirituosen aus dem ganzen Land. Ein genussvolles Erlebnis, das sich Feinschmecker nicht entgehen lassen sollten.

Specialità Magosso · Via Vertua 27 · 37062 Dossobuono · Tel: +39 045 51 34 92
Mo–Sa 6–12.30, 15.30–19 Uhr Mi. nachm. und So geschlossen

Qui

SO RICHTIG DIE SEELE BAUMELN LASSEN

WELLNESS, ENTSPANNUNG UND UNTERKUNFT

EIN HAUCH PROVENCE IN BORGHETTO

36

Zwei Freunde, ein Gedanke! Den hatten Giovanni und Agostino, als das ziemlich heruntergekommene Haus aus dem 17. Jahrhundert im romantischen Borghetto zum Kauf stand. Obwohl beide völlig unterschiedlichen Arbeiten nachgehen, ihr gemeinsamer Traum war: ein eigenes kleines Boutique-Hotel.

Maison Resola heißt die Verwirklichung des Traums von Giovanni und Agostino, und es wurde im Frühjahr 2014 eröffnet. »Maison« ist eine Hommage an Frankreich, wo sich die beiden Freunde und ihre Frauen Roberta und Rita immer sehr wohlfühlen. »Resola« ist ein Wort aus dem 14. Jahrhundert, bedeutet »enges Eck« und beschreibt exakt die Lage des Nobel-B&B in Borghetto. Wie glücklich und stolz die zwei Paare über ihr gemeinsames Projekt sind, steht ihnen ins Gesicht geschrieben.

Sitzt man am großen Esstisch, an dem bei schlechtem Wetter das umfangreiche Frühstück gereicht wird, spürt man ein behagliches Wohlgefühl. Noch unvergesslicher wird das morgendliche Essvergnügen auf der Terrasse im ersten Stock mit einem fantastischen Blick auf den Ponte Visconteo. Sie können sich auch für einen romantischen Abend ein feines Mahl auf dieser Terrasse servieren lassen, es muss nur rechtzeitig vorbestellt werden, da es von guten Restaurants in Valeggio geliefert wird. Ein dazu passendes, gutes Fläschchen Wein liegt aber bei Giovanni und Agostino immer richtig temperiert im Weinkühlschrank bereit.

»Man kann sich jetzt, wenn man die geschmackvollen Zimmer und Suiten sieht, nicht vorstellen, wie das hier 2012 war, als wir das Anwesen gekauft haben«, erzählt Giovanni und Agostino ergänzt: »Als Erstes wurde das verputzte Mauerwerk freigelegt, um den Urzustand wiederherzustellen. Alle verwendeten Steine und Hölzer kommen aus der Umgebung.« Bei Bädern und Spa war jedoch modernste Technik angesagt, und bei der Gestaltung der schönen Atmosphäre ließen die Herren ihren Ehefrauen freie Hand. Diese verliehen dem alten Haus einen luftigen, provenzalischen Touch.

Maison Resola · Via Tiepolo 7 · 37067 Borghetto di Valeggio sul Mincio
Tel. +39 045 795 09 70 · www.maisonresola.com

37 FINESTRA SUL FIUME – EIN TRAUM WIRD WAHR

Eine uralte Mühle direkt am plätschernden Fluss, Libellen sirren durch die Luft, Vögel zwitschern und alte Bäume rauschen ... Nein, das ist kein Ort der Fantasie, denn an diesem Traumplatz können Sie Ihren Urlaub verbringen. Herzlich und zugleich unaufdringlich umsorgt von Pietro und Mattea Gandini.

Der Veroneser Pietro Gandini fühlte sich bereits in seiner Kindheit in Valeggio sehr wohl, wo seine Eltern in den 1970er-Jahren eine umgebaute Mühle aus dem 15. Jahrhundert gekauft hatten. Nachdem er viele Jahre als Golf-Professional gearbeitet und seine Frau Mattea ihr Jurastudium absolviert hatte, verwirklichten sie ihren Traum und gestalteten die alte Mühle in ein B&B um. Und so richteten sie in den alten Gemäuern drei stilvolle, dem Ambiente angepasste Zimmer ein, ausgestattet mit modernem Komfort.Besonders wichtig ist den beiden, dass jeder Gast seinen ganz ungestörten Bereich hat, auch im traumhaften Park.

Das herrliche Anwesen erstreckt sich direkt am Mincio, nahe der Visconteo-Brücke von Borghetto, dort, wo jedes Jahr das »Festa Nodo d'Amore« stattfindet (siehe S. 19). Und obwohl es abseits liegt und nicht leicht zu finden ist, sollten Sie unbedingt rechtzeitig reservieren, denn das kleine Paradies ist eine beliebte Oase bei Individualurlaubern.

Durch das gepflegte weitläufige Grundstück mit den alten Bäumen schlängelt sich der Fluss. An seinem Ufer tanzen Libellen zwischen Liliensträuchern, und Reiher stolzieren durch das seichte Gewässer, in dem man auch baden kann. Mattea und Piero servieren Ihnen an diesem an Romantik kaum zu überbietenden Platz ein himmlisches Frühstück mit frischem Brot und Gebäck vom nahe gelegenen Bäcker. Ausflugsmöglichkeiten gibt es genug, aber am erholsamsten ist es, im Liegestuhl ein Buch zu lesen, dem Vogelgezwitscher zu lauschen und abends den *aperitivo* bei rotgoldenem Sonnenuntergang zu genießen. Ein Urlaubstraum für alle, die Natur sowie eine herzliche, aber unaufdringliche Gastfreundschaft zu schätzen wissen.

La Finestra sul Fiume B&B Pietro und Mattea · Vicolo Corte Sega 2 · 37067 Valeggio sul Mincio
Tel. +39 045 795 05 56 u. +39 340 933 81 94 · www.lafinestrasulfiume.it

VOR DEM LUGANA TRANK MAN TOCAI

38

Seit der Lugana zum Modewein avancierte, verlor der ehemalige Hauswein Tocai San Martino della Battaglia nicht nur seinen Namen, sondern viele Winzer verloren auch das Interesse an ihm. Nicht so Luca Formentini. Er füllte 2003 seinen ersten Tocai in Flaschen.

Die Selva Capuzza – Weingut, Restaurant und Agriturismo – liegt, umgeben von Weinbergen, nur wenige Minuten von Sirmione entfernt. Der Besitzer Luca Formentini erinnert sich gern an die Zeit, als am Sonntagnachmittag die Bewohner der Umgebung in das Wirtshaus seiner Eltern kamen, um ein paar Gläser Tocai – frisch vom Fass – zu trinken. Als Kind war das für ihn der beste Wein der Welt.

Im Restaurant Selva Capuzza, in einer Cascina aus dem 14. Jahrhundert mit herrlichem Garten, erwarten Sie regionale Gerichte aus heimischen Produkten.

Als er anfing, im Weingut seiner Eltern zu arbeiten, war die goldene Zeit des »Tocai San Martino della Battaglia« bereits vorbei! Trebbiano-di-Lugana-Rebstöcke beherrschten das Bild im Lugana-Gebiet, auch bei Selva Capuzza. Luca aber hat den Wein seiner Kindheit nicht vergessen. Auf zweieinhalb Hektar Fläche in exponierter Lage widmete er von Anfang an der alten Rebsorte viel Aufmerksamkeit. Seine Leidenschaft für den Tocai, der bei ihm »Campo del Soligo« heißt, teilt er gerade mal mit sechs Winzern der DOC San Martino della Battaglia, die es seit 1970 gibt und die kleinste DOC Italiens ist.

Wenn Sie im Borgo San Donino, dem Agriturismo der Familie, Ferien machen möchten, erwartet Sie Ruhe inmitten von Weinreben, Olivenbäumen und mediterranen Pflanzen. Die Zimmer sind schlicht, aber mit hochwertigen Materialien ausgestaltet. Das Schwimmbad liegt bewusst etwas abseits der Appartements, damit die Gäste nicht gestört werden. Im dazugehörenden Restaurant wird heimische Küche aufgetischt, und es ist fußläufig erreichbar, ebenso der Wineshop des nahe liegenden Guts, das Luca mit Leidenschaft betreibt. Freuen Sie sich auf eine Weinverkostung und lassen Sie sich überraschen von der Rarität aus der Tocai-Rebe, die hier Tuchi heißt.

Selva Capuzza · 25015 Desenzano del Garda · Tel. +39 030 991 03 81 · www.selvacapuzza.it

39 AGRITURISMO MIT YOGA UND WELLNESS

Nur einen Katzensprung vom stets quirligen Touristenrummel in Sirmione entfernt liegt, charmant umkränzt von Weingärten, der Agriturismo Le Preseglie. Hier kann man sich nicht nur inmitten der Natur bestens erholen, sondern auch an professionellen Yogakursen teilnehmen.

»Luce della Conoscienza Upadesha Yoga« – Licht der Erkenntnis – heißt die Yogaschule in der Cascina Le Preseglie, wo Maestro Kailasha sich auf spirituelles Yoga spezialisiert hat. In den Kursen werden die Yoga-Disziplinen Hatha, Pranayama, Nidra und Kyra di Hathayoga praktiziert. Cristina Bordignoni, die Besitzerin und leidenschaftliche Yogaanhängerin, erzählt mit leuchtenden Augen: »Es werden von Jahr zu Jahr mehr Gäste, die ganz speziell deswegen hierherkommen. Sie genießen es, wie sich dank Yoga Gefühl, Geist, Herz und Vitalität harmonisch vereinen und sie sich voll und ganz auf sich selbst konzentrieren.«

Natürlich können Sie in der Cascina auch herrliche Urlaubstage ohne Yoga verleben. Sie haben die Wahl zwischen einem schönen Studio, neun Zimmern und einer Wohnung, alle im geschmackvollen Landhausstil eingerichtet, mit freiliegenden Holzbalken an den Decken und heimeligen Ziegelwänden. Das große Schwimmbad ist eingerahmt von Reben, und von dort haben Sie einen herrlichen Blick auf Torre di San Martino und den Gardasee. Spielt das Wetter mal nicht so mit, stehen ein Türkisches Bad, eine Biosauna mit Aroma-, Chromo- oder Muskeltherapie zur Verfügung oder man peppt sich in der Vichy-Dusche mit mineralischen Salzen auf. Entspannung pur!

Das hauseigene Weingut vinifiziert vier Weine und einen Spumante, die alle fernöstliche Namen tragen. Neben einen Lugana, der hier Hamsa heißt, wird auch hier die alte Rebsorte Tuchi gekeltert. Diesen Wein nennt Cristina »Kaivalya«, das steht im Yoga für Vereinigung und Harmonie, und die findet man nicht nur im Wein, sondern auch im sympathischen Agriturismo.

Cascina Le Preseglie · Loc. Preseglie · 25015 Desenzano del Garda · nahe San Martino della Battaglia · Tel. +39 030 910 81 95 · www.agriturismolepreseglie.com

KARIBIK-FEELING AM SÜDUFER

40

Ab Mitternacht tobt der Bär am Lago. In Richtung der angesagten Discos schieben sich Autolawinen wie zur Rushhour. Vorab haben sich die ausgehwütigen Discofans bereits in einer der schicken Bars einen *aperitivo* gegönnt ...

Der Coco Beach Club ist eine Mischung aus Strandbad, Restaurant, Bar und Disco. Hier können Sie essen, relaxen und tanzen, mitbringen müssen Sie lediglich gute Laune und Lust zum Feiern – gern bis in die Morgenstunden. Aber das sollte nicht schwerfallen, denn am Superstrand Coco Beach, nahe Lonato, fühlen Sie sich tatsächlich wie in den Tropen. Das mag am feinen weißen Sand liegen, der vom Roten Meer stammt, an den Palmen, natürlich auch am blauen, kristallklaren Wasser des Gardasees und nicht zuletzt am karibischen Ambiente der Loungebar.

Sie können sich bei exotischen Cocktails, Wein oder Spumante den ganzen Tag über amüsieren, vor allem aber nachts. Im dazugehörenden Ristorante Capo Tavola kann man sich täglich von 12 bis 16 Uhr mit einem À-la-carte-Menü stärken (abends ist es nur mittwochs, freitags und am Wochenende geöffnet).

Ob Sie nun gleich mit dem Boot anlegen oder mit dem Auto vor der Strandbar parken – unter Palmen zu flanieren, ein Sonnenbad zu nehmen oder einfach nur mit dabei zu sein, ist für Junge und Junggebliebene ein echtes Urlaubs-Highlight. Sehen und Gesehenwerden heißt das Motto, vor allem am Wochenende, wenn die DJs die passende heiße Musik auflegen. Am Coco Beach wird aber nicht einfach nur getanzt: Motto-Abende und Specials machen den Abend zu einem unvergesslichen Fest unter freien Himmel. Sofern der Wettergott mitspielt, geht hier die Post so richtig ab, und es darf getanzt und geflirtet werden bis in die Morgenstunden. Der Coco Beach Club bietet alles, was Feierlustigen die Urlaubstage versüßt. Sollte es dennoch mal regnen, geht die Party einfach drinnen weiter ...

Coco Beach Club · Via Catullo 5 · 25017 Lonato del Garda
Tel. +39 392 172 16 59 (Disco + Restaurant), +39 349 581 02 43 (Strand) ·
genaue Öffnungszeiten siehe Webseite · www.cocobeachclub.net

41 URLAUB MIT AUSSICHT UND GUTER KÜCHE

Für das Wohlbefinden seiner Gäste, ob im Hotel, in der Bar oder im Restaurant, sorgt mit großer Leidenschaft der Vollblutgastronom Gianni Briarava, der vielen eingefleischten Gardasee-Fans der Westseite von seiner überaus beliebten Antica Trattoria Alle Rose wohlbekannt ist.

2009 hatte sich Gianni entschieden, einen Palazzo aus dem 18. Jahrhundert am Lungolago zu übernehmen. Das heruntergekommene Hotel hatte ihn schon immer begeistert, und als der Besitzer einen neuen Pächter suchte, mussten er und seine Frau nicht lang überlegen. Während er sich um die Umgestaltung des neuen Hotels kümmerte, führte seine Frau das beliebte Restaurant Alle Rose allein weiter. Bald wurde das aber zu viel, und deshalb steht die Antica Trattoria Alle Rose seit 2016 unter neuer Führung.

Gianni Briarava hat die Fassade des charakteristischen Baustils der Villa aus längst vergangenen Zeiten original erhalten, das Innere hingegen ließ er modern und schlicht ausstatten. Die Anzahl der Zimmer reduzierte er zugunsten ihrer Größe und jedes einzelne wurde cool gestaltet. »Protagonist ist der Lago und nichts soll diese Aufmerksamkeit stören«, meint Gianni. Bilder von Fischen in unterschiedlichen Versionen bilden die einzige Dekoration in den Gästezimmern. Wenn Sie das Glück haben, in der schönen Junior-Suite zu wohnen, dann können Sie auf der nicht einsehbaren Terrasse auf einem gemütlichen Sonnenbett liegen und mit einem köstlichen Cocktail aus der hauseigenen Bar den Sonnenuntergang über dem Lago genießen. Das ist pures Urlaubsvergnügen.

Abends lassen Sie sich dann in seinem Restaurant mit feinster Küche aus hochwertigen Produkten der Region verwöhnen. Sie sitzen am Lungolago, beobachten die vorbeiflanierenden Menschen, genießen die Köstlichkeiten, vorzugsweise Fischgerichte, aus Giannis Küche und lassen sich von seinem Sohn Federico, einem großen Weinkenner, beraten. Was will man im Urlaub denn mehr?

Hotel Locanda del Benaco mit Café · Lungolago Zanardelli 44 · 25087 Salò
Tel. +39 0365 203 08 · www.locandadelbenaco.com

TRAUMBLICK, POOL UND KÖSTLICHKEITEN

42

Acetaia del Balsamico heißen das B&B und das Restaurant in Cologna di Tenno, hoch über Riva gelegen, und schon der Name verrät: Hier wird auch Essig gemacht. Aber nicht irgendein Essig, sondern ein extra feiner nach der Balsamico-Methode! Das ist aber längst nicht alles. Lassen Sie sich überraschen.

Das Beste – und eine echte Empfehlung für Genießer – ist es, in einem der sieben Zimmer, alle mit sensationellem Seeblick, einige wundervolle, genussvolle Urlaubstage zu verleben. In den Zimmern, die man eher als Suiten bezeichnen kann, erwartet Sie ein großes Kingsize-Bett, von dem aus Sie die Nordspitze des Sees sehen können.

Der Gardasee ist zwar im Blickfeld, aber trotzdem liegen einige Kilometer dazwischen. Darum vergnügen Sie sich einfach im Infinity-Pool auf der Terrasse über dem Restaurant, nur wenige Schritte von Ihrem Zimmer entfernt. Kletterer, Wanderer und Montainbiker finden hier oben – nahe dem zauberhaften Tennosee – ebenso ihren Urlaubsspaß wie ruhigere Genießer. Für alle wichtig ist ein gutes Frühstück, das in Bella Italia ja oft nicht so ganz unseren deutschen Vorstellungen entspricht. Anders hier in der Acetaia, denn Ivo Bombardelli, der Besitzer dieses Paradieses, ist nicht nur ein Genussmensch, sondern er produziert auch im Dorf Nago Wurstwaren für ganz Italien und ist die Nummer eins, wenn es um *Carne salada* geht. Und auf die dürfen Sie niemals verzichten, wenn Sie in der Acetaia Ihren Urlaub verbringen, denn sie ist einzigartig, ob warm oder kalt serviert.

Im Speisesaal mit der riesigen Glasfront und dem göttlichen Blick auf Riva und den See lassen Sie sich verwöhnen mit typischen Gerichten der Region. Dabei stammt fast alles aus eigener Produktion, sei es nun Käse, Schinken, Salami, *Carne salada* oder Olivenöl. Und natürlich der Balsamico-Essig, der hier aus Gewürztraminer gemacht wird, aber wie in Modena in sieben Fässern seiner Vollendung entgegenreift.

Acetaia del Balsamico Trentino · B&B und Restaurant · Strada San Zeno 2
38060 Cologna di Tenno · Tel. +39 0464 55 0064 · www.acetaiadelbalsamico.it

43 BALANCE ZWISCHEN GEIST UND KÖRPER

Wenn es der Wettergott am Gardasee mal nicht so gut mit Ihnen meint, können Sie einfach in den Parco Aquardens gehen, Veronas Therme im Valpolicella – zum Relaxen und um sich was Gutes für die Gesundheit zu gönnen. Baden Sie in einer Welt voll Musik oder regenerieren Sie im Fluss des Wohlbefindens.

Grotten, Lagunen, Wasserfälle und Becken mit unterschiedlichem Heilwasser laden in dieser herrlichen Anlage am Rande der sanften Weinhügel der Valpolicella, nur wenige Kilometer vom Gardasee entfernt, zum Entspannen ein. Mit einer Temperatur von 47 Grad kommt das salz-, brom- und jodhaltige Wasser aus einer Tiefe von 130 Metern. Seit 2005 ist es offiziell als Heilwasser anerkannt und seit 2012 kann man hier in ansprechender Umgebung alles genießen, was dem Wohlbefinden dient. Braucht die Beziehung zum Partner mal eine kleine Auffrischung? Probieren Sie es mit dem »Private SPA« für Paare. Im Dampfbad oder in der finnischen Sauna werden vier Themenparcours – Musik, Farbe, Düfte und prickelnde Massagen – in einem Jacuzzi für zwei Personen kombiniert. Dieses Ritual endet mit einer Ruhephase auf einem bequemen Wasserbett für zwei Personen, umhüllt von duftendem Wasserdampf.

Zurück Richtung Lago lohnt sich der Besuch der Osteria Domìni Veneti in Cavaion. Strada Villa, Cavaion, Tel. +39 045 626 14 53

Wer seinen Körper regenerieren oder Beschwerden lindern möchte, ist im medizinischen Bereich dieser riesigen Anlage genau richtig. Das 37 Grad warme Wasser wirkt entzündungshemmend, unterstützt die Heilung bei Knochenbrüchen, Muskelzerrungen, Hexenschuss oder Sehnenentzündungen und hilft bei dermatologischen Erkrankungen. Dabei fühlen Sie sich nicht wie in einem Sanatorium, sondern wie in einem luxuriösen Strandbad mit Bistros, Bars und freundlichen Menschen. Auch auf dem riesigen Außengelände gibt es wunderschöne Thermalbecken, teilweise auch für Kinder geeignet, wo Sie den ganzen Tag relaxen und die Seele baumeln lassen können.

Aquardens · Via Valpolicella 63 · S. Lucia di Pescantina · Tel +39 045 670 44 06
www.aquardens.it/de

WEG VOM TRUBEL, DOCH NAH AM SEE

44

Umgeben von Weinbergen und Olivenbäumen, mit weitem Blick in die Berge und nur einen Katzensprung vom Gardasee und von Affi entfernt, eröffnete vor einigen Jahren der Agriturismo La Pertica. Edles Holz sorgt in den sechs modern eingerichteten Suiten für heimeliges Wohlbefinden. Die Badezimmer sind hell und mit allem Komfort ausgestattet. Entspannung finden Sie in der kleinen Sauna oder draußen am beheizten Infinity-Pool – und abends bei einem Glas Wein, natürlich aus dem hauseigenen Bio-Weinkeller, mit Blick auf die Reben und das Caprinotal. Jenny und Gloria, die Töchter des im weiten Umkreis bekannten Bäckermeisters und Lebenskünstlers Wilson aus San Ambrogio, kümmern sich um die Gäste. Unbedingt verkosten sollten Sie ihr feines Olivenöl und den Spumante »Wilson«.

Agriturismo La Pertica · Via dei Vigneti 6 · 37010 Albarè di Costermano sul Garda
Tel. +39 045 720 02 80 u. +39 349 573 3262 · www.agriturismolapertica.it

RUHIG SCHLAFEN, GLEICH NEBEN DER ENOTECA

45

Die Enoteca Valpolicella ist *die* Adresse, wenn es um gute Küche mit perfekter Weinbegleitung geht. Ada und Carlotta, die beiden Betreiberinnen des gemütlichen Restaurants, sind weit über die Grenzen der Valpolicella hinaus geschätzte Gastgeberinnen. Die Villa aus dem 14. Jahrhundert war einst eine Befestigungsanlage mit Türmen, die im 16. Jahrhundert in ein nobles Landhaus umgebaut wurde. Heute gibt es hier einen gemütlichen Agriturismo mit sechs Zimmern, die alle passend zum ehrwürdigen Stil des Hauses eingerichtet sind.

Der jetzige Besitzer des Corteforte bewirtschaftet drei Hektar Rebfläche. Seine Amarone und Co. sind exquisit und begehrt. Der Agriturismo und die Enoteca bilden eine großartige Symbiose, denn nach einem weinseligen Abendessen haben Sie nur wenige Schritte zum Schlafgemach.

Agriturismo Corteforte · Via Osan 45 · 37022 Fumane · www.corteforte.it
Enoteca Valpolicella · So.abend, Mo geschl. · Tel. +39 045 683 91 46 · www.enotecadellavalpolicella.it

46 GESCHICHTE UND MODERNE IN HARMONIE

Im antiken Stadtzentrum Veronas, nur wenige Schritte von der Arena entfernt und nahe der Porta Borsari, bietet der Palazzo Victoria ein weltstädtisches Hotel, das tausendjährige Historie auf faszinierende Weise mit der Moderne vereint.

Die Baugeschichte des Hotels Palazzo Verona geht auf das 14. Jahrhundert zurück, und die Mauern der alten römischen Ruinen sind teilweise heute noch sichtbar. Das beginnt bereits im Souterrain, wo man schon von außen antike Überreste bestaunen kann. Die im zeitgenössischen Stil gestaltete Eingangshalle und der typische veronesische Innenhof sind offen und sehr einladend, ebenso wie die weitläufige Lobby, wo sich Menschen unterschiedlicher Kulturkreise ungezwungen treffen und miteinander ins Gespräch kommen können. Denn dies war ein Herzenswunsch des vorherigen Besitzers Marcello Pigozzo, der nach vier Jahrzehnten in der Spitzen-Hotellerie weltweit in seiner Heimatstadt Verona das geschichtsträchtige Bauwerk erwarb und daraus mit viel Liebe zum Detail ein Luxushotel und einen Ort der Begegnung gestaltete.

Seit Frühjahr 2020 gehört das ehemalige Palazzo Victoria zu einer Hotelgruppe und heißt daher nun Collection Palazzo Verona. Das vierstöckige Hotel mit den 70 Zimmern und Suiten wurde komplett renoviert und bietet den Gästen eine perfekte Kombination aus Geschichte und zeitgenössischem Komfort. Akribisch wurden die originalen Fresken und Gemälde erhalten, denn sie spiegeln die spannende Historie des Hauses wider und verleihen ihm seinen besonderen Charme.

Außer in den hell eingerichteten, eleganten Zimmern und Suiten spüren Sie das Flair dieses Luxushotels auch in der schicken Bar oder im stilvollen Restaurant, wo Sie mit einem schönen Blick auf den privaten Innenhof köstliche regionale, nationale oder internationale Gerichte genießen können. Fußläufig erreichen Sie von hier aus ganz bequem alle Sehenswürdigkeiten und die noblen Boutiquen dieser romantischen Stadt.

NH Collection Palazzo Verona · Via Adua 8 · 37121 Verona · Tel. +39 045 806 23 11
www.nh-collection.com/de/hotel/nh-collection-palazzo-verona

RESIDENZ ÜBER DEN DÄCHERN VON TRENTO

47

Die Villa Madruzzo kann auf eine bewegte Vergangenheit zurückblicken. Sie wurde während des Konzils von Trient (1545–1563) vom Fürstbischof Cristofero Madruzzo erbaut und blieb über Jahrzehnte im Besitz der Familie. Einer der letzten Bewohner war Bischof Carlo Emanuele Madruzzo. Der Geistliche verliebte sich in seine Nachbarin, die Adelige Claudia Paricella. Für die heimlichen Treffen ließ er einen unterirdischen Gang bauen, um unbemerkt zu seiner Geliebten zu gelangen. Nach seinem Tod verfiel die Villa, bis sie Mitte des 19. Jahrhunderts Paolo Oss, der Bürgermeister von Trient, wieder rekonstruieren ließ. Heute ist die Villa Madruzzo ein elegantes und beliebtes Hotel.

Hotel Villa Madruzzo · Via Ponte Alto 26 · 38121 Trento · Tel. +39 0461 98 62 20
www.villamadruzzo.com

DESIGNHOTEL IM RENAISSANCE-PALAZZO

48

Easy Living ist das Motto des Stadthotels Aquila d'Oro. Der Hotel-Palazzo befindet sich in der Via Rodolfo Belenzani, einer der schönsten und farbenprächtigsten Straßen von Trient, nur einen Steinwurf von der fantastischen Piazza Duomo entfernt. Von außen werden Sie es zunächst kaum als Hotel erkennen, denn der elegante Palazzo ist schmal – so wie die Häuser damals gebaut wurden. Umso überraschter ist man, wenn man die aparte Hotellobby betritt.

Den Besitzern ist es bestens und mit viel Liebe zum Detail gelungen, dass Sie sich auf engem Raum hier richtig wohlfühlen können. Alle Zimmer und Suiten wurden individuell und dabei durchaus ein wenig ungewöhnlich gestaltet. Sie sind verschiedenen Themen gewidmet, die immer mit der Geschichte der Stadt zu tun haben.

Hotel Aquila d'Oro · Via Rodolfo Belenzani 76 · 38122 Trento · Tel. +39 0461 98 62 82
www.aquiladoro.it

49 BOTSCHAFTER DER VALLAGARINA-WEINE

Im prachtvollen Palazzo de Probizer, mitten im hübschen Dorf Isera über der Etsch gelegen, können Sie nicht nur eine schmackhafte Küche und von der Terrasse einen wunderbaren Blick auf Rovereto genießen. Sie können auch alle Weine der Vallagarina-Winzer kennenlernen und danach gleich fürstlich übernachten.

Seit 1999 ist der beeindruckende Palazzo aus dem 17. Jahrhundert *der* Platz für Weinliebhaber und solche, die es werden wollen. Schon von außen wirkt die Casa del Vino mit dem alten Brunnen und dem gepflasterten Weg zu den Gastzimmern und der Terrasse einladend. Das Ambiente in den Gasträumen ist anheimelnd: Ein altes Gewölbe, dunkle Holzstühle, alles ist schlicht gehalten, um den alten Mauern nichts vom ursprünglichen Charme zu nehmen. Die weitläufige Terrasse ist ein idealer Platz, um die heimischen Gerichte mit dem passenden Glas aus der Vallagarina zu genießen, verbunden mit einem Traumblick aufs Etschtal und auf Rovereto.

Das sehr freundliche und fachkundige Servicepersonal berät kompetent, wenn es um den passenden Wein zum Essen geht. Alle Weine und Spumante der 29 beteiligten Winzer erhalten Sie auch glasweise und haben so die Möglichkeit, zum Beispiel Marzemino, den typischen Rotwein der Region, von unterschiedlichen Winzern zu verkosten. Im einladenden Empfangsbereich der Enoteca können Sie nicht nur alle Weine der Winzer, sondern auch weitere typische Produkte der Region kaufen.

Sollte der Wein zu gut munden: Im Palazzo de Probizer gibt es – gleich über der Osteria – ein elegantes Hotel mit geschmackvoll eingerichteten Zimmern und Suiten, die alle nach einer Rebsorte benannt sind. Hochwertige Materialien und viel Liebe zum Detail sorgen dafür, dass Sie sich hier wohlfühlen. Von den Fenstern bietet sich Ihnen ein herrlicher und weiter Blick über die liebliche Weinbauregion Vallagarina, die Heimat des Rotweins Marzemino. Übrigens, von Isera ist es nur einen Katzensprung ins Museum MART in Rovereto.

Casa del Vino Vallagarina · Piazza San Vincenzo 1 · 38060 Isera · tägl. 12–22 Uhr
Tel. +39 0464 48 60 57 · www.casadelvino.info

Casa
del Vino
della
Vallagarina

MAL WIEDER ZEIT FÜR KULTUR!

50 HOCHZEITSTERRASSE ÜBER DEM SEE

Als Geheimrat J. W. von Goethe 1786 im spießigen Weimar die Decke auf den Kopf fiel, ließ er sich kurzerhand in einer Kutsche zum Gardasee bringen, um auf andere Gedanken zu kommen. Das machen ihm seither Jahr für Jahr unzählige Nordlichter nach – gerne auch, um den Bund fürs Leben zu schließen.

Was gibt es Romantischeres, als auf der Burg von Malcesine, direkt über dem See, für das Hochzeitsalbum zu posieren. Malcesine, der pittoreske Ort auf der Ostseite des Gardasees mit der beeindruckenden Burg, ist ein besonders gefragter Platz zum Heiraten! Ein Objekt der Foto-Begierde liegt hinter dem Eingang zur Burg und erinnert an den Balkon von Romeo und Julia in Verona. Es war leicht zu übersehen, lediglich Verliebte mit einem Blick für Romantik entdeckten diesen steinernen Mini-Balkon, der seit einiger Zeit aber aus Sicherheitsgründen gesperrt ist. Nun sind die beliebten Hochzeitsaufnahmen nach weiter oben verlegt worden, auf eine Plattform mit den berühmten Scaliger-Schwalbenschwänzen im Hintergrund. Hier genießen Sie ebenfalls einen Superblick – wie man sieht perfekt für ein Hochzeitsbild. Aber natürlich auch wenn Sie grade nicht heiraten, ist dies ein wunderschönes Motiv für eine Erinnerung an den Gardasee.

> Schicke Schuhe, hochwertige Taschen und Mode italienischer Designer finden Sie in den Derna-Stores, Via Capitanato 5 (und weitere), www.derna.it/de.

Eine Büste Goethes hat die Gemeinde zum Dank für seine begeisternden Schwärmereien auf der Burg natürlich auch errichtet. Zu Recht, denn Goethe hat mit seiner *Italienischen Reise* der deutschen Italiensehnsucht sicherlich Flügel verliehen. Mit einem Augenzwinkern könnte man auch sagen: Dieses Denkmal ist eine Entschuldigung dafür, dass man den Dichter in Malcesine fast als Spion verhaftet hätte. Es ist eine Büste aus Bronze, die in Anbetracht des Umsatzes, den die Touristen in die Kassen spülen, eigentlich von den Gastronomen vergoldet werden müsste.

Scaligerburg · 37018 Malcesine · Via Giuseppe Garibaldi, von hier 10 Minuten Fußweg
tägl. 9.30–19 Uhr · Eintritt 6 € · gebührenpflichtiger Parkplatz

MINI-FLUSS MIT SEHR VIELEN FISCHEN

51

Der Aril ist nur 175 Meter lang und somit der kürzeste Fluss der Welt. So steht es zumindest auf den Schildern in Cassone, einem Ortsteil von Malcesine. An dem kleinen Dörfchen fahren die meisten Urlauber vorbei, obwohl sich ein Stopp absolut lohnt. Einen hübschen Minihafen, verwinkelte Gassen, durch die der fischreiche Aril fließt, und ein kleines Fischereimuseum können Sie hier beim Bummel entdecken. Ob sich Gustav Klimt, der österreichische Künstler, auch am kristallklaren Wasser des Aril erfreute, weiß man nicht. Sicherlich fühlte er sich aber in Cassone wohl, das spürt man, wenn man sein Bild *Die Kirche von Cassone* betrachtet. Er malte es 1913 während seines Urlaubs dort.

Cassone · Ortsteil von 37018 Malcesine,
etwa 4 km vor Malcesine von Bardolino kommend direkt an der Gardesana

ZITRONENDUFT WEHT ÜBER DEN PARKPLATZ

52

Der schnelle Weg, um während der Saison von der Ostseite ans lombardische Ufer zu kommen, ist der Traghetto, die Autofähre von Torri del Benaco nach Toscolano Maderno. Man versäumt aber etwas, wenn man vorher das kleine Zentrum von Torri del Benaco mit dem alten Hafen nicht besucht. Vom Parkplatz nahe der Abfahrt der Traghetti sind es nur wenige Minuten zum Hafen. Kommt der Wind von Norden, wird man am Parkplatz von einem frischen Zitronenduft begrüßt.

Zeno Zuliani hätte es sich im Jahre 1760 sicherlich nicht träumen lassen, dass irgendwann nahe seines Zitronengartens massenweise Karossen aus aller Welt parken würden. Direkt hinter dem Parkplatz befindet sich die einzige noch voll funktionsfähige *limonaia* der östlichen Uferseite! Laufen Sie nicht daran vorbei!

Torri del Benaco (37010) · Traghetto An- und Abfahrt · großer Parkplatz

OSTERIA
"al Pescatore"
31
34
35

DIE FISCHERZUNFT VON GARDA

53

Frühmorgens, wenn die Fischer von Garda mit ihren Booten vom nächtlichen Fischfang zurückkommen, erlebt man den quirligen Touristenort von einer ganz anderen Seite. Zufriedene Fischer mit reicher Beute, eine himmlische Ruhe und die ersten Sonnenstrahlen, die die Punta San Vigilio beleuchten ...

Fischfang hat in Garda eine lange Tradition und heute ist es einer der wenigen Orte am Gardasee mit einer aktiven Fischerzunft. Während es seit Menschengedenken im Hinterland von Garda eine florierende Landwirtschaft mit Oliven-, Wein- und Getreideanbau gab, war das Gebiet um Garda sumpfig und unwirtlich. Den Bewohnern blieb nur eine Möglichkeit: der Fischfang. Zur Erinnerung an diese Zeit ist bis heute das Kirchweihfest am 20. August der Fischerei gewidmet.

Die Speisekarte voll und ganz den Gardaseefischen gewidmet haben Livio und Rosaria im »Al Pescatore« im Hafen von Castelletto. Tel. +39 045 743 07 02, nur abends geöffnet

Derzeit sind es noch 23 aktive Fischer, mit abnehmender Tendenz, die ihren täglichen Fang in die Cooperativa liefern. Die Cooperativa fra Pescatori Garda besteht seit dem 14. Juli 1942 und ist die älteste Fischereigenossenschaft Italiens. Jeden Tag können Sie dort bis zum Mittag die frisch gefangenen Fische oder auch zart geräucherte kaufen.

Bei jedem Wetter fahren die sturmerprobten Fischer am Nachmittag hinaus auf den See und lassen die Netze ins Wasser. Zwischen zwei und drei Uhr nachts geht's dann erneut raus in die finstere Nacht, um die reich gefüllten Netze ins Boot zu ziehen. Vorwiegend sind es Lavarello-Fische (Renken), die darin zappeln. Begehrt sind auch die saftigen Gardasee-Sardinen, die im Spätherbst und Winter am aromatischsten schmecken – ein genussvoller Vorteil für die Einheimischen und Touristen. Besonders glücklich sind die Fischer, wenn ihnen eine Gardasee-Forelle ins Netz gegangen ist – eine echte Rarität.

Cooperativa fra Pescatori Garda · Fischereigenossenschaft Garda · Via San Bernardo 79
37016 Garda · 6.30–12.30 Uhr · Tel. +39 045 627 05 45 · www.coopgarda.it

54 FELSEN-GRAFFITI IM MORGENTAU

Kann sein, dass Sie diese Felskritzeleien zufällig auf den Wanderwegen zwischen Garda und Torri del Benaco entdecken. Kann aber auch sein, dass Sie, obwohl Sie danach suchen, vorbeilaufen. Gut erkennbar sind die Graffiti längst vergangener Zeiten nämlich am besten bei Sonnenaufgang.

Ohne größere Mühe kann man die Steingravierungen im Scaligermuseum in Torri del Benaco betrachten und wissenschaftliche Informationen darüber lesen. Mehr Spaß macht es jedoch, die Überreste, die bis in die Bronzezeit zurückreichen, dort, wo sie entstanden sind, zu entdecken.

> Noch ein wenig weiter in Richtung Benaco, in San Zeno, ist die Taverna Kus ein Garant für gute Küche und feine Weine. Tel. +39 045 728 56 67, www.tavernakus.it

Also Wanderschuhe anziehen und Richtung Punta San Vigilio fahren! Kurz vor der Einfahrt zur Punta biegen Sie von Garda kommend rechts scharf ab in eine Sandstraße, die Via dei Castei. Wer nun glaubt, einen gut ausgeschilderten Wanderweg zu den Felsmalereien anzutreffen, wird enttäuscht sein. Exakte Beschilderungen enden in »Bella Italia« ohnehin meist im Nirgendwo. Nebenbei bemerkt, hätte die italienische Bürokratie dies unter Kontrolle, könnte es passieren, dass man vor dem Aufstieg einen Antrag ausfüllen muss, bevor man die Urzeit-Graffiti zu sehen bekommt.

Marschieren Sie bei Sonnenschein los, so sollten Sie eine Sprühflasche mitnehmen, denn nur nass werden die Darstellungen deutlich sichtbar. Nach etwa 15 bis 30 Minuten Fußmarsch gelangen Sie an den Pietra delle Griselle. Dieser Felsbrocken heißt so, weil man die Utensilien der Bootsfahrer »griselle« nannte. Man nimmt an, dass die Menschen damals Segelboote darstellten. Aber gab es zu der Zeit schon Motorboote? Es gilt als gesichert, dass manche Zeichnungen in noch nicht so lang zurückliegender Zeit von anonymen Künstlern im Fels verewigt wurden. Macht nichts, denn so wird das Zuordnen der echten Stein-Graffiti noch spannender.

Museum in der Scaligerburg · Viale Fratelli Lavanda 2 · 37010 Torri del Benaco
Tel. +39 045 629 61 11 · www.torridelbenaco.de/felszeichnungen-san-vigilio-gardasee.htm

ROCCA DI GARDA UND DER MUT DER ADELHEID

55

Thron des Hunnenkönigs Attila zu sein, nimmt fast jeder antike Steinsitz in Oberitalien für sich in Anspruch. Der Hunnenschock scheint den Italienern immer noch tief in den Gliedern zu sitzen. So trägt auch der steinerne Sitz auf der Rocca di Garda diesen ruhmreichen Namen.

Dabei wäre es ehrlicher, er trüge den Namen Adelheid, der Frau, die in halsbrecherischer Flucht aus der Festung entkam, um die »kaiserlichste aller Kaiserinnen« zu werden. Sie war die erste Frau, die die imperiale Macht mit ihrem Mann teilte. Nebenbei fand sie noch die Zeit, heilig zu werden.

Ihre abenteuerliche Geschichte beginnt auf der Rocca di Garda: Der Langobardenkönig Berengar versuchte, ein vereinigtes Italien zu schaffen und wollte aus diesem Grund die hübsche Königswitwe Adelheid von Burgund mit seinem Sohn vermählen. Die auserwählte Braut wagte jedoch etwas, das in diesen Kreisen und zu dieser Zeit an Tollkühnheit grenzte: Sie lehnte ab. Statt zum Altar wurde die Braut am 19. Mai 951 in die schwer befestigte Rocca di Garda geführt. Jedoch nur für kurze Zeit.

Hungrig? Wie gut, dass es am Lungolago unter Platanen die Osteria Caffè Amaro gibt. Gute Küche und Weine der Region. www.osteriacaffeamaro.it

Der Vatikan, dem ein vereinigtes Italien stets ein Dorn im Auge war, schickte den Bischof von Canossa nach Garda, um Adelheid beim halsbrecherischen Abstieg hinunter zum See zu helfen. Er stellte ein Boot bereit und brachte sie wohlbehalten zur Burg nach Canossa, wo sie den deutschen König Otto I. traf. Für den kam die thronberechtigte Adelheid zur rechten Zeit. Noch im selben Jahr vermählten sie sich, und sie bot dem Langobardenkönig symbolisch Italien an. König Berengar starb 966 eingekerkert in Bamberg. Die Braut, die sich nicht traute, liegt als erste Kaiserin des Heiligen Römischen Reiches Deutscher Nation im Kloster Selz im Elsass begraben. Ihr Todestag ist der 16. Dezember und von dem sagt eine alte Bauernregel: An Sankt Adelheid macht sich der Winter breit.

Rocca di Garda · Ein Fels zwischen 37016 Garda und 37011 Bardolino
Ausgangspunkt für einen Spaziergang mit herrlicher Aussicht

56 AFFI – MEHR ALS EINE SHOPPINGMEILE

Affi ist jedem Gardasee-Urlauber bekannt als stark frequentierte Autobahnausfahrt und als Einkaufsparadies. Aber kennen Sie den alten Ortskern mit den schönen Villen, Parks und dem alten Bahnhof? Ein Abstecher in das historische Affi am Fuße des Monte Moscal lohnt sich.

Wussten Sie, dass Affi vor langer Zeit ein wichtiger Eisenbahn-Knotenpunkt war? Nein? Kein Wunder, denn auch nur noch wenige Einheimische erinnern sich an diese Zeit. Der Bahnverkehr zwischen Verona und Caprino wurde am 31. Dezember 1956 eingestellt, weil Busse wirtschaftlicher waren. Eröffnet wurde die Bahnlinie Verona–Caprino im Jahr 1883, und 1904 wurde die Strecke erweitert von Affi nach Bardolino und Garda. Heute lässt das imposante Bahnhofsgebäude, das jetzt eine Bibliothek beherbergt, erahnen, wie bedeutend diese Station einst war. Zur Erinnerung steht eine Dampflok auf den verbliebenen kurzen Schienen. Gleich daneben ist der Bici Grill, ein beliebter Treffpunkt für Radler und Spaziergänger. Umgeben von alten Bäumen und mit Blick auf die alte Lok kann man sich hier nach der Radtour mit kleinen Snacks, Bier, Wein oder Spritz erholen. Leider darf man die prachtvolle Villa Poggi mit dem gepflegten Park oder die Villa Fracastoro aus dem 16. Jahrhundert im alten Affi nur von außen bewundern.

Jedes Jahr Mitte Juni findet im historischen Zentrum der Stadt die Festa Medievale statt. Bei diesem Event am Fuße des 427 Meter hohen Monte Moscal dreht sich alles ums Mittelalter, angefangen von der Kleidung bis hin zu Antiquitäten und Kunsthandwerk, Essen und Musik.

Natürlich ist aber auch ein Bummel durch das Centro Commerciale im modernen Ortsteil ein Vergnügen, denn es gibt viele schicke Mode- und Schuhläden, einige Outlets, Möbelgeschäfte und vieles mehr. Nicht zu vergessen die empfehlenswerte Affi-Winebar, die Gilberto Santoro seit 1994 erfolgreich führt und die tagtäglich geöffnet ist – und das durchgehend von 8 bis 23 Uhr. Hier bekommen Sie gutes Essen und eine großartige Auswahl an Weinen.

Bici Grill · Via Stazione 2 · 37010 Affi · Tel. +39 347 409 56 51
Affi WineBar · Via Pascoli 29 · Tel. +39 045 626 77 68 · www.affiwinebar.it

BARDOLINO – WEINDORF MIT KIRCHEN

57

Bardolino, der pittoreske Ort auf der Ostseite des Gardasees, ist bekannt für seinen frischen, fruchtigen Rotwein gleichen Namens. Wenige wissen jedoch, dass es in dem beliebten Touristendorf mit seinen 7000 Einwohnern elf Kirchen gibt. Einige sind absolut einzigartig und lohnen einen Besuch.

Die romanische Kirche San Severo liegt auf der linken Seite der Gardesana in Bardolino, wenn Sie Richtung Garda fahren. Der hoch in den Himmel ragende Turm aus Naturstein ist kaum zu übersehen. Parken Sie gegenüber, führt eine Fußgängerunterführung in die Altstadt. Die Kirche basiert auf einer dreischiffigen Basilika mit kleinen, rundbogigen Fenstern, wobei das nördliche Kirchenschiff aus dem 12. Jahrhundert etwas breiter ist als das südliche, das Anfang des 11. Jahrhunderts errichtet wurde. Im Inneren erkennt man unter der Hauptapsis eine langobardische Krypta von einem vorherigen Bauwerk. Besonders beeindruckend sind die – wenn auch bereits ein wenig verblichenen – Freskenmalereien aus der ersten Hälfte des 12. Jahrhunderts.

An der Kirche San Zeno läuft man leicht vorbei, denn sie liegt ein wenig versteckt in einem Wohnviertel im *centro storico*. Sie wurde, so wird vermutet, bereits im 8. Jahrhundert erbaut und ist dem heiligen Zenon von Verona (geboren um 371 und ein Heiliger der katholischen und der orthodoxen Kirche) geweiht. Es ist eine der wenigen Kirchen karolingischer Bauart in Norditalien, die nahezu vollständig erhalten ist. Im 17. Jahrhundert hat man lediglich das Äußere ein wenig verändert und Wohnhäuser angebaut. Eine spannende Entdeckung für kunsthistorisch Interessierte, denn das Bauwerk mit sechs mächtigen, aber funktionslosen Säulen dokumentiert eine Rückbesinnung auf die Antike und ist als Karolingische Renaissance in die Geschichte eingegangen.

Ristorante Giardino delle Esperidi: Wenn man statt Pizza und Tourimenüs fein essen und gute Weine möchte. Via Goffredo Mameli, 1 37011 Bardolino, Tel. +39 045 621 04 77

Chiesa San Severo · Via San Severo · 37011 Bardolino
Chiesa San Zeno · Corte San Zeno · 37011 Bardolino

San Vigilio von einer Anhöhe nahe Bardolino aus

VON DER ZOLLSTATION ZUR EVENT-LOCATION

58

Cangrande della Scala ließ dieses architektonisch einzigartige Bauwerk am alten Hafen von Lazise im 13. Jahrhundert erbauen. Einst gedacht für seine Schiffe, später, während der Zeit der Serenissima Repubblica di Venezia, war es eine wichtige Zollstation - und heute? Eine super Location für anspruchsvolle Events.

Die Geschichte der Dogana Veneta ist lang und sehr bewegt, ans Festefeiern dachte man in der geschichtsträchtigen Vergangenheit allerdings kaum. Wo heute das Tanzbein geschwungen wird, Winzer ihre Weine vorstellen oder Konzerte stattfinden, war anno dazumal eine Lagerhalle über dem Wasser. Denn während der Serenissima war Lazise ein wichtiger Handelsumschlagplatz. Mit Schiffen wurden die Waren über den Gardasee in die zum See hin offene Dogana Veneta gebracht. Nachdem die Zollgebühren entrichtet waren, transportierte man alles auf dem Landweg weiter in die umliegenden Regionen.

> Gleich nebenan liegt das Restaurant Doana. Hier können Sie gut essen oder eine traumhafte Hochzeit feiern, Tel. +39 045 242 93 14.

Später produzierte man hier Salpeter und nutzte das Gebäude als Lager für Getreide. Den Faschisten (1922–1943) bot die Dogana eine Plattform für ihre großen Auftritte.

2003 entschloss sich Lazise schließlich dazu, das historische Gebäude zu renovieren. Weil alles so originalgetreu wie möglich rekonstruiert wurde, dauerte der Umbau drei Jahre. Heute ist die Dogana ein echter Hingucker am alten Hafen.

Eine private Firma hat den Auftrag erhalten, sich um die Auslastung der Dogana Veneta zu kümmern. Seit 2009 dient der Komplex als Location für Firmenpräsentationen, Weinevents, Modenschauen und Kunstausstellungen. Optimal ist die Location auch für Hochzeiten, nicht zuletzt, weil die schlichte romanische Kirche San Nicolò aus dem 12. Jahrhundert nur wenige Schritte davon entfernt liegt.

Dogana Veneta · Piazzetta A. Partenio 13 · 37017 Lazise · Tel. +39 348 863 96 08
www.doganaveneta.it

59 TRUTZIGE MAUERN UND EIN FISCHEREIMUSEUM

Haben Sie erst mal das Wirrwarr an Straßen und den Stau rund um die Autobahnausfahrt Peschiera hinter sich und überqueren die Brücke – Ponte Verona – über den Mincio in Richtung Altstadt, so sehen Sie links der Straße die alten österreichischen Kasernen. Was versteckt sich heute dahinter?

Bollwerke, dicke Stadtmauern, Tore und Wassergräben erinnern an die kriegerische Vergangenheit des charmanten Gardasee-Städtchens Peschiera. Das südöstliche Ende des Gardasees, dort, wo der Fluss Mincio den See verlässt, um später in den Po zu münden, war seit jeher strategisch wichtig. Die Scaliger gründeten auf römischen Fundamenten ihre Ansiedlung und schützten sie durch dicke Mauern und zahlreiche Wehrtürme vor feindlichen Angriffen. Im 16. Jahrhundert waren es die Venezianer und später die Habsburger, die das Stadtbild nachhaltig prägten – bis heute sichtbar. Besonders beeindruckend ist die imposante Porta Verona aus dem 16. Jahrhundert, das zentrale Tor, durch das man mit dem Auto ins Zentrum gelangt. Auf der linken Seite, gleich nachdem man das Tor passiert hat, wurden die alten Habsburger Kasernen wieder zu neuem Leben erweckt. Viele Verbände haben hier ihre Büroräume, unter anderem auch das Consorzio Tutela Lugana, der Weinbauverband Lugana. Hier erhält man Adressen von allen Lugana-Winzern, die im Hinterland von Peschiera angesiedelt sind und eine Übersichtskarte über die Weinregion. Wie gut, dass man hier keine Weine verkosten kann, denn gleich nebenan befindet sich der Sitz der Carabinieri.

Ein Durchgang führt auf die andere Seite der ehemaligen österreichischen Kaserne zum Museo della Pesca, dem Fischereimuseum. In der Sala Radetzky können Sie neben alten Fischerbooten, historischen Werkzeugen und Angelausrüstungen vor allem zahlreiche Informationen über die Geschichte und die Tradition des Fischfangs am Gardasee sehen. Leider ist das hübsche Museum nur am Wochenende und an Feiertagen geöffnet.

Museo della Pesca u. Consorzio Tutela Lugana · Caserma d'Artiglieria di Porto Verona
37019 Peschiera del Garda · Sa, So 10–12.30 u. 15.30–18.30, Juli/Aug. 10–12.30 u. 18–22 Uhr
Eintritt 2 € · www.amicidelgondolin.it, www.consorziolugana.it

Anna II

LARA, DIE VIELSEITIGE FRESKENKÜNSTLERIN

60

Lara Maccacheri ist in Valeggio und entlang des Gardasees sehr präsent, obwohl sie persönlich kaum jemand kennt. Es sind ihre Fresken - mal restauriert, mal neu gestaltet -, ihre geschmackvollen Außenmalereien, modernen Gemälde und schönen Dekorationen, denen man allerorts begegnet.

»Imago Decorazioni« heißt ihr kleines Atelier in Valeggio, wo Lara inmitten von Weinbergen ihre Kunst verwirklicht und mit ihrem Mann und ihren zwei Söhnen lebt. Schon als Kind zeichnete sie voller Begeisterung und gewann bereits mit acht Jahren bei einem Malwettbewerb in Verona den ersten Preis. Während der Schulzeit gab es nur ein Ziel: Kunst zu studieren, was sie an der Universität DAMS und später an der Akademie für schöne Künste in Bologna auch tat. Es folgten Auslandsstudien in England und Spanien, um ihre Kenntnisse zu festigen und zu bereichern. Obwohl ihr London gut gefiel, verbrachte sie diese Zeit vorwiegend mit spanischen Kollegen, was zur Folge hatte, dass der Zweiteffekt, die englische Sprache zu erlernen, zu kurz kam.

Lara ist ein Tausendsassa der Kunst, alles Schöne fasziniert sie und sie setzt es in ihren Werken um. Obwohl sie, wenn ihre Kinder endlich schlafen, eigentlich todmüde ist – die meisten Ideen für ihre Motive entstehen nachts. Fragt man sie, welche ihrer vielseitigen Arbeiten ihr am meisten am Herzen liegen, kommt rasch: »Derzeit fasziniert es mich, neue Fresken nach alten Motiven zu malen, aber auch meine Schwarz-Weiß-Gemälde mag ich sehr.« Kurzum, Lara ist eine ganz besondere Künstlerin und in ihren Werken, seien es moderne oder klassische Gemälde, aparte Dekorationsmalereien, Restaurationen oder neue Fresken in alten Villen, spürt man ihr kreatives Händchen und ihre Leidenschaft. Einen Vorgeschmack kann man sich auf dem Mercato dell'Antiquariato in der Altstadt von Valeggio (jeden vierten Sonntag im Monat) holen. Die sympathische Lara zeigt eine Auswahl ihrer Bilder, unterstützt von ihrem Mann Giuseppe, der Englisch und Deutsch spricht.

Imago Decorazioni di Lara Maccacheri · Via Martiri delle Foibe 165 · 37067 Valeggio s. Mincio
Tel. Lara: +39 333 284 81 78, Joe: +39 340 616 91 78 · www.imagodec.it

61

BURGDORF IM NATURSCHUTZGEBIET

Das mittelalterliche Burgdorf Castellaro Lagusello liegt gerade mal ein Viertelstündchen von Peschiera entfernt, und dennoch fühlt man sich hier wie in einer anderen Welt. Die Festungsanlage zählt zu den schönsten Italiens und entlang des dazugehörenden Minisees fasziniert eine einzigartige Flora.

»Festung am kleinen See« heißt Castellaro Lagusello und es ist in der Tat ein Minisee. Klein aber fein, denn hier gedeihen rundherum wilde Orchideen, wunderschöne, fast vergessene Pflanzen und auf dem Wasser herrliche Seerosen. Seltene Vogelarten, Schmetterlinge, Enten und viele andere Tiere, die sich in der Nähe des Wassers wohlfühlen, bevölkern den See. Nach den Menschenmassen entlang des Gardasees ist diese Festung und die sie umgebende Naturschönheit eine wohltuende Oase der Stille.

Eine kreative Küche erwartet Sie in der familiären Antica Locanda del Contrabbandiere. Loc. Martelosio di Sopra 1, Pozzolengo, www.locandadelcontrabbandiere.com.

Die Burg stammt aus dem 12. Jahrhundert und wurde wie fast alle Burgen entlang des Gardasees vom Geschlecht der Scaliger errichtet. Die strategische Lage zwischen Verona und Mantua war jedoch später auch für die Visconti, Gonzaga und die Republik Venedig interessant. Die Burgmauern wurden immer wieder erweitert und mit Wachtürmen ergänzt, von denen noch einige erhalten sind.

Am besten, Sie schlendern einfach gemütlich durch die mittelalterlichen Gassen und lassen sich vom Flair dieses Burgdorfes verzaubern. Neben dem mächtigen Castello mit den Burgmauern und dem Uhrturm können Sie den Torre Campanaria besteigen, um eine sensationelle Aussicht auf den Gardasee und die moränischen Hügel zu genießen. Schön anzusehen ist auch die Villa Arrighi-Tacoli aus dem 18. Jahrhundert. Wenn sich jetzt bei Ihnen leichter Hunger einstellt, sind Sie hier genau richtig. Es gibt einige kleine Trattorien und Weinbars, die empfehlenswert zum Einkehren sind.

Castellaro Lagusello · 46040 Castellaro Lagusello, Monzambano
www.amavido.de/italienisches-dorf/castellaro-lagusello

DIE GROTTEN, DIE KEINE SIND …

62

… und der berühmte Dichter Catull sind Namensgeber dieser Sehenswürdigkeit in Sirmione. Vergleiche mit Verona tun sich auf. Auch Romeo und Julia gab es nur in der Fantasie von William Shakespeare, so wie Catull niemals in der Villa Sirmione gelebt hat und die Grotten ein römisches Sanatorium waren.

Wann Gaius Valerius Catullus, kurz Catull genannt, lebte, ist nicht exakt bekannt, es muss zwischen 85/87 v. Chr. bis 54 v. Chr. gewesen sein. Man weiß jedoch, dass er teils in Rom und Verona lebte, aber immer wieder zur Erholung, und um sich zu vergnügen, nach Sirmione reiste. Er widmete diesem idyllischen Platz einige seiner berühmten Verse, die widerspiegeln, wie sehr er dieses kleine Paradies am Südzipfel des Gardasee liebte. Und flugs erfand man, dass er in der Villa nahe den ebenfalls fälschlicherweise sogenannten Grotten lebte. Catull hat diese Villa jedoch nie gesehen, sie wurde nach seiner Zeit, vermutlich um 150 n. Chr., erbaut.

Die Grotten, die sich auf dem letzten der drei Hügel von Sirmione über zwei Hektar ausbreiten, wurden ebenfalls nach ihm benannt, obwohl man weiß, dass es sich weder um Grotten noch um den Platz handelt, an dem der berühmte Dichter lebte. Bei Ausgrabungen stellte man fest, dass es vermutlich ein antikes »Wellnesszentrum« mit Thermalbad von immensen Ausmaßen war. Diese Anlage, wie auch die Villa, von der heute nicht mehr viel zu sehen ist, waren sehr luxuriös ausgestattet. Das heilende, schwefel-, brom- und jodhaltige Wasser, für das die bezaubernde Halbinsel berühmt ist, nutzten bereits die Römer.

Sehenswert ist das moderne Museum nahe der Villa. Neben Grabungsfunden kann man Filme ansehen, die das Luxusleben in den Thermenanlagen fiktiv nachstellen. Durch die Ruinenanlage mit den knorrigen, uralten Olivenbäumen zu spazieren, dabei immer die »lachenden Wellen des Lyd'schen Sees« vor Augen, wie Catull so liebevoll schrieb, ist ein unvergessliches Erlebnis.

Grotte di Catull · Piazzale Orti Manara 4 · 25019 Sirmione
Di–Sa 8.30–19.30, Sonn- u. Feiertage 14–19.30 Uhr · Eintritt 8 € (zwischen 18 und 25 Jahren 4 €)
Tel. +39 030 91 61 57 · www.grottedicatullo.beniculturali.it

Das romantische Castellaro Lagusello liegt wenige Kilometer vom Gardasee entfernt.

LONATO – KLEINSTADT MIT BELLA VISTA

63

Wohl platziert auf dem Moränen-Amphitheater liegt das sehenswerte Städtchen Lonato und bietet Ihnen einen sensationellen Weitblick auf den Gardasee und die Weingärten des Lugana-Gebiets bis hinüber zu den Weinhügeln und Olivenhainen der Valtenèsi. Aber nicht nur deshalb lohnt ein Besuch.

Kultur- und geschichtsinteressierte Menschen sind in Lonato genau richtig, denn das Städtchen hat eine lange, bewegte Vergangenheit. Der strategischen Lage wegen war es durch die Jahrhunderte hindurch ständiger Streitpunkt der diversen Adelsgeschlechter. Bei einem Bummel durch die liebenswerte Altstadt entdecken Sie zahlreiche historische Palazzi, den zauberhaften Marktplatz und den nicht zu übersehenden 55 Meter hohen Stadtturm Torre Maestra, der 1555 erbaut wurde. Von der mächtigen Burganlage ist nur noch wenig erhalten, und man kann sich kaum noch vorstellen, dass sie Ausmaße hatte, die selbst Napoleon tief beeindruckten. Spazieren Sie an den Mauerresten auf dem Festungshügel entlang, so gelangen Sie unweigerlich zur Casa del Podestà, jenem Haus, in dem der venezianische Statthalter lebte.

Im 20. Jahrhundert erwarb Senator Ugo da Como (1869–1941) das verfallene Bauwerk, restaurierte es von Grund auf und lebte darin, umgeben von den schönsten Werken oberitalienischer Kunst. 1920 ließ er im herrlichen Garten gegenüber seinem Wohnhaus eine Bibliothek errichten. Sie umfasst 50 000 Bücher und zählt zu den bedeutendsten und wertvollsten Sammlungen Italiens. Kunstliebhabern wird das Herz höherschlagen, wenn sie die Inkunabeln (Wiegendrucke) und Handschriften sowie illustrierte Bibeln und vieles mehr bestaunen dürfen. Das Wohnhaus, die ehemalige Casa del Podestà, ist ein Museum und gehört wie die gesamte Anlage der Stiftung Ugo da Como. Hier können Sie grandiose Fresken von Floriano Ferramolo, Zeichnungen von Giovanni Battista Tiepolo und Appini, aber auch antike Möbel und Porzellan betrachten.

Lonato del Garda · La Casa del Podestà · Via Rocca 2 · 25017 Lonato
Tel. +39 030 913 00 60 · Öffnungszeiten siehe Website · www.fondazioneugodacomo.it

64 VERGESSENER ORT MIT GROSSER GESCHICHTE

Castiglione delle Stiviere ist ein charmantes Städtchen mit einer spannenden Vergangenheit - heute ein wenig von der Welt vergessen - im Hinterland von Desenzano. Das Geschlecht der Gonzaga prägte diese Stadt, die in Bezug auf Grundwerte wie Hilfsbereitschaft für Menschen in aller Welt beachtenswert ist.

Der junge Aloysius von Gonzaga, 1568 in Castiglione delle Stiviere geboren, ist einer derjenigen, die bereits in sehr jungen Jahren heiliggesprochen wurden. Der erstgeborene Sohn von Ferdinand Gonzaga, Markgraf von Castiglione, verzichtete zugunsten seines Bruders Rudolf auf das väterliche Erbe und durfte, mit Genehmigung seines Vaters, in den Jesuitenorden eintreten. Er setzte sich intensiv für die Pflege Kranker ein, infizierte sich bei der Pestepidemie in Rom und starb im jugendlichen Alter von 23 Jahren. Er gilt als Symbol für mutige junge Menschen. 14 Jahre nach seinem Tod wurde er 1605 von Papst Paul V. heiliggesprochen. Die majestätische Basilika im Zentrum der Altstadt wurde dem Heiligen gewidmet, ebenso wie ein Museum.

Nach dem Besuch der sehenswerten Stadt gut essen in der Hosteria del Teatro, Via B. Ordanino 5b, 46043 Castiglione d. Stiviere, Tel. +39 0376 67 08 13

Castiglione delle Stiviere ist aber auch wegen der Schlachten von Solferino und San Martino im Jahr 1859 in die Geschichte eingegangen. Hier entstand 1859 die Idee einer Weltorganisation für beispiellose Hilfsbereitschaft, Vorreiterin des Roten Kreuzes. Es war der Schweizer Geschäftsmann Henri Dunant, der zufällig die wütende Schlacht des französisch-italienischen Heeres gegen die Habsburger erlebte. Angesichts dieses grausigen Mordens, an dem 300 000 Soldaten beteiligt waren und bei dem Tausende Menschen verstümmelt wurden, vergaß er selbst seine eigentliche Aufgabe und half gemeinsam mit den hilfsbereiten Frauen von Castiglione den Verwundeten. Vieles aus dieser schrecklichen Zeit können Sie im Rotkreuz-Museum in Castiglione sehen und nachvollziehen.

Museo Internazionale della Croce Rossa · Via Garibaldi 50 · 46043 Castiglione delle Stiviere
Tel. +39 0376 63 11 07 · Öffnungszeiten siehe Webseite · https://micr.cri.it

DIE MAGIE DER ISOLA DEL GARDA

65

Vom Wasser aus vermittelt die fast hundert Meter über dem See schwebende Villa Borghese-Cavazza eher einen sakralen als einen profanen Eindruck. Erst seit einigen Jahren sind die Villa und die Insel mit den üppig blühenden mediterranen Gärten auch für Besucher zugänglich.

Die neovenezianische Fassade, die der Architekt Luigi Rovelli im frühen 19. Jahrhundert entworfen hat, stammt aus der gleichen Zeit, als der »Märchenkönig« Ludwig in Bayern sein Neuschwanstein bauen ließ. Der prachtvolle Bau erinnert mit seinen durchflochtenen Spitzbögen an eine Geschichte aus *Tausendundeiner Nacht*. Seit sich die Gräfin Cavazza und ihre Familie entschlossen haben, ihren privaten Wohnsitz für Führungen und Veranstaltungen einem breiten Publikum zu öffnen, hat sich die Isola del Garda zu einem Lieblingsausflugsziel für Gardasee-Urlauber entwickelt.

Bei den Gruppenführungen erfahren Sie viel Wissenswertes über die Insel und die Namen der exotischen und mediterranen Bäume und Pflanzen, die es im Garten zu sehen gibt. Sie werden darauf hingewiesen, dass der Schnitt der Buchsbaumterrassen das Wappen der Familie de'Ferrari widerspiegelt, die den Garten planten, und dass die Palmen neben der Villa von den Kanarischen Inseln stammen. Für Kinder ist es spannend zu hören, dass die Cavazzi-Kinder jeden Morgen mit dem Boot in die Schule fuhren. Alles sehr kurzweilig, aber wo bleibt der viel besungene Mythos der Insel?

Ist er bei der napoleonischen Zerstörung des über 1000 Jahre alten Klosters der Benediktiner und später der Franziskaner mit untergegangen? Vielleicht bedarf es aber auch nur eines Glases des köstlichen hauseigenen Rotweins, der in der Loggia der Villa mit Blick auf die im Sonnenlicht glitzernden Fluten des Sees gereicht wird, um den Geist des »Troubadour Gottes«, wie der Heilige Franz von Assisi genannt wurde, der hier vor 800 Jahren lebte, wieder auferstehen zu lassen.

Az. Agr. Borghese Cavazza · Via Mazzini 22 · 25010 San Felice d/B
Besichtigung (ca. 2 Std.) April–Okt. (Abfahrzeiten und Preise s. Webseite)
Tel. +39 328 612 69 43 · www.isoladelgarda.com

66 NUR WENIG EHRE FÜR GASPARO DA SALÒ

Man möchte annehmen, dass man einem der berühmtesten Geigenbauer in seinem Geburtsort ein Museum widmet oder zumindest das Geburtshaus zu besichtigen wäre! Aber Fehlanzeige, außer einer Bronzestatue vor dem Palazzo in Salò gibt es nichts! Auch in Brescia, seinem Wirkungsort, sucht man vergeblich.

In der Kirche San Giuseppe in Brescia wurde der erfolgreiche Geigenbauer im Jahre 1609 bestattet. Aber obwohl Gasparo da Salò sehr vermögend war, schien ihm anscheinend eine monumentale Grabstätte nicht wichtig, deshalb – auch hier, wo er gelebt und gearbeitet hat – keine Spur von ihm. Lediglich eine Gedenktafel an der Kirchenmauer erinnert in Brescia an den berühmten Geigenbauer.

Professor Flavio Dassenno, Spezialist für geschichtliche Spurensicherung musikalischer Instrumente, der am Konservatorium in Brescia lehrt, ist fasziniert vom großen Gasparo da Salò und traurig darüber, dass man in Brescia wie auch in Salò wenig über seine Meisterwerke, sein Leben und sein Wirken erfährt. Flavio Dassenno erzählt, dass der 1542 in Salò geborene Gasparo in einer sehr musikalischen Familie aufwuchs. Nach dem Tod seines Vaters ging er nach Brescia, wo die berühmtesten Instrumentenbauer und Musiker dieser Zeit zu seinen Freunden zählten. Er selbst war ein exzellenter Kontrabass-Spieler, was ihm natürlich beim Bau seiner Saiteninstrumente half.

Im 16. Jahrhundert gab es heftige Diskussionen zwischen den Städten Brescia und Cremona, in welcher Stadt es die besten Violinenbauer gebe. Professor Dassenno ist überzeugt, dass damals Brescia die Nummer eins war, dann jedoch, als in Brescia um 1631 die Pest wütete, erstarkte Cremona. Nicht zuletzt durch den grandiosen Geigenbauer Antonio Stradivari, der wahrscheinlich 1644 geboren wurde und 1737 in Cremona starb. Nebenbei bemerkt, Cremona ehrt den großen Geigenbauer mit einem Stradivari-Museum! Zur Nachahmung für Brescia und Salò empfohlen!

Chiesa San Giuseppe · Vicolo San Giuseppe 5 · 25100 Brescia
Statue von Gaspero da Salò am Lungolago · Palazzo Municipale · 25087 Salò

GASPARO DA SALÓ
NELL'ARTE DÉ LIUTAI MAESTRO
PER TROVARLE VIE NUOVE
LEGGI MATERIA FORME STUDIANDO
DIÉ QUASI ANIMA E SENSO
AL VIOLINO MODERNO
CREAZIONE SUA
FU SEPOLTO IN QUESTO TEMPIO
N. IN SALÓ 1540 M. IN BRESCIA 1609

BRESCIA, DIE SCHÖNE UNBEKANNTE

67

Brescia ist nicht Liebe auf den ersten Blick. Es braucht ein wenig Zeit, um sich in diese Stadt mit der zweitausendjährigen, faszinierenden Geschichte zu verlieben. Dann aber kommt man gerne immer wieder, und das ist auch nötig, denn es gibt viel Großartiges, Heimeliges und Charmantes zu entdecken.

Zweifellos ist das Museo Santa Giulia der kulturelle Mittelpunkt dieser beeindruckenden Stadt. Auf 16 000 Quadratmetern spiegelt sich die bewegte Geschichte Brescias von der Bronzezeit bis ins vorige Jahrhundert wider. Es ist kein Museum, das man im Schnelldurchgang besucht, zu viel Schönes gibt es zu bestaunen. Da sind die leuchtenden Fresken in der Basilika San Salvatore, der Sternenhimmel an der Decke der Kirche Santa Maria und der darin befindliche, wohl größte Schatz des Klosters: das mit Edelsteinen besetzte Kreuz des Langobardenkönigs Desiderius.

Typisch für die Bürger dieser Stadt ist die Geschichte um die *Geflügelte Victoria*, eine romanische, mannshohe Bronzestatue aus dem 1. Jahrhundert, zu bestaunen im Museum. Napoleon war so begeistert von der eleganten Erscheinung, dass er sie unbedingt nach Frankreich mitnehmen wollte. Pfiffige Kunststudenten haben den schönen Engel nachgebaut und ihn Napoleon überlassen. Heute steht diese Kopie im Louvre. Aber: Es ist eben »nur« eine Kopie. Als Stätte der Macht der Langobarden wurde das Museum Santa Giulia zum UNESCO-Weltkulturerbe erklärt.

Nach den architektonischen und künstlerischen Großartigkeiten muss man innehalten. Genau für diesen Zweck gibt es im Museo Santa Giulia eine Oase der Ruhe, die Sie auch ohne Eintritt in Anspruch nehmen können. Gehen Sie im Museum rechts beim Ticketschalter vorbei, hinaus auf eine Wiese, dort gelangen Sie zu römischen Ausgrabungsstücken und Sarkophagen, die zufällig beim Bau einer Tankstelle gefunden wurden. Links davon wurde ein verlockend duftender Kräutergarten mit alten Sorten angelegt! In dieser himmlischen Ruhe dürfen Sie picknicken – mitten in der Altstadt.

Museo Santa Giulia · Via Musei 81/b · 25121 Brescia · Tel. +39 030 297 78 33-834
Preise und Öffnungszeiten siehe Website · www.bresciamusei.com

68 KULT UND POMP – ODER EIN ZAUBERGARTEN?

Während das Vittoriale degli Italiani in Gardone sopra ein Pflichtprogramm für Italiener zu sein scheint, ist für unseren Geschmack die bombastische Selbstdarstellung des italienischen Dichters und Nationalhelden Gabriele D'Annunzio ein wenig übertrieben. Erholsamer ist zweifellos André Hellers Gartenparadies.

300 000 Menschen besuchen jährlich das Vittoriale, diesen protzigen Museumskomplex auf dem grünen Hügel von Gardone. Aber statt sich durch die wie Kojen auf einer Antiquitätenmesse vollgestopften Räume der Villa Prioria führen zu lassen, sollte man die Besichtigung des skurrilen Parks vorziehen. Sehenswert ist sicherlich das Kriegsschiff, das der Dichter einst von der Adria mühsam hierher transportieren ließ, um es dann in den halb abgetragenen Hang hineinzuplatzieren. Am Bug dieses Kriegsbootes kann man sich fühlen wie Leonardo DiCaprio in James Camerons Film *Titanic*. Am besten lässt man D'Annunzio sein leeres Mausoleum und erfreut sich an lauen Sommerabenden an den Aufführungen auf der Freiluftbühne vor der grandiosen Seekulisse.

Eine Wohltat für die Seele hingegen ist die benachbarte »Musterkollektion der Weltgegenden«, wie André Heller seinen Garten nennt, den er 1988 vom russischen Zahnarzt Dr. Hruska übernommen hat. Ein idealer Ort, um beim Bestaunen von über 3000 Pflanzenarten aus allen Erdteilen, angereichert durch Gebetsfahnen oder indische und marokkanische Skulpturen, zu entspannen. Am besten, Sie lassen sich einfach treiben zwischen blühenden Orchideenwiesen und meterhohen Baumfarnen, erfreuen sich an plätschernden Bächen und Wasserfällen und genießen die Natur und den Gesang der Vögel. Am romantischen Lago dei Poeti können Sie sich in die Gartengeschichten des Künstlers vertiefen, über ein tibetisches Mandala meditieren oder Ihre Wünsche einem Dashi-Baum anvertrauen, hoffend, dass sie in Erfüllung gehen.

Vittoriale degli Italiani · Via Vittoriale 12 · 25083 Gardone · Apr.–Sept. Park 9–19, Museum 9.30–19 Uhr · Eintritt 12–18 € · Tel. +39 0365 29 65 11 · www.vittoriale.it
Giardino Botanico di André Heller · Via Roma 2 · 25083 Gardone · Eintritt 12 €
Öffungszeiten siehe Webseite · www.hellergarden.com

NOBLES PAPIER VOM VALLE DELLE CARTIERE

69

Man erzählt sich, dass ein Butler in einem feinen englischen Herrenhaus den Gast nicht der adligen Herrschaft meldete, wegen des fehlenden Stahlstichs auf dessen Visitenkarte. Mit einer Visitenkarte aus handgeschöpftem Büttenpapier vom Valle delle Cartiere wäre das sicherlich nicht passiert.

Das Papiermühlental von Toscolano-Maderno lieferte bereits im 15. und 16. Jahrhundert an venezianische Druckereien. Es gibt bestätigte Dokumente dieser Produktionsstätte, die auf 1381 datiert sind. Zum wirtschaftlichen Aufschwung kam es 1470, als Gutenberg den Buchdruck erfand. Von da an konnte kein Monarch, der etwas auf sich hielt, auf das Papier und die Druckkunst der zahlreichen Papierhersteller von Toscolano verzichten. Auch die Bibelvorlage von Martin Luther trägt das geschützte Ochsenkopf-Wasserzeichen der Papierfabriken von Toscolano.

Im Centro di Eccellenza – Polo Cartiario di Maina Inferiore, so heißt das Papiermuseum, das 2007 eröffnet wurde, kann man sich heute, wo es nur noch tonnenweise in riesigen Rollen maschinell hergestelltes Papier gibt, informieren über die althergebrachte Methode: Lumpen per Handarbeit in edles Filigranpapier zu verwandeln.

Ein Museumsrundgang, der für Erwachsene wie Kinder interessant ist, führt Sie durch die Zeitgeschichte der Papierherstellung – angefangen mit den Möglichkeiten, die man im 15. Jahrhundert hatte, bis in unsere heutige Zeit. Von den bis zu 50 Papierfabriken, die es in der Blütezeit im Papiermühlental gab, schloss die letzte 1962, weil die aufwendige Herstellung des edlen Papiers nicht mehr rentabel war. Die großartige Stätte der Industriearchäologie ist aber absolut einen Besuch wert, und vielleicht finden Sie ja im dazugehörenden Shop eine noble Visitenkarte, mit der sich alle Türen öffnen. Der romantische Weg zum Museum am Wildbach Toscolano ist ein Extraerlebnis. Ein besonderes Bonbon im Sommer sind die an manchen Abenden stattfindenden Musikfestivals. Mehr Infos auf der Webseite.

Centro di Eccellenza · Via Valle delle Cartiere · 25088 Toscolano-Maderno · 16. April–16. Okt. tgl. 10–18 Uhr · Eintritt 7 € · Tel. +39 0365 64 10 50 o. +39 338 933 64 51 · www.valledellecartiere.it

70 LIMONE, LIMONAIA, LIMES?

Limone, der letzte Ort der Lombardei, bevor das Trentino beginnt, gehört zu den meistfrequentierten Dörfern am Gardasee. Weil hier seit jeher Limonen angebaut wurden, vermutete man, dass die Früchte auch Namensgeber waren. Falsch gedacht! Der Ortsname leitet sich von *limes*, dem lateinischen Wort für Grenze, ab.

Die Limonaia del Castèl ist ein sehenswertes Freiluftmuseum, das einen anschaulichen Einblick gewährt in die anstrengende Arbeit in den Zitronengewächshäusern, als Gardasee-Zitronen noch Hochkonjunktur hatten. Im 19. Jahrhundert boomte der Handel mit den aromatischen Früchten vom See. Es entstanden immer mehr Säulenreihen entlang der Felswände, die das Bild der Küste prägten. In den Wintermonaten wurden die Zitrusbäume mit einer Holzverkleidung geschützt. Diese mühevolle, nicht ganz ungefährliche Arbeit an den Steilhängen wurde unrentabel, weil die Zitronen aus den südlicheren Regionen wegen der immer schneller werdenden Transportwege viel günstiger angeboten wurden. Nach und nach verfielen die Zitronengewächshäuser und wurden zu Ferienwohnungen oder Geräteschuppen umfunktioniert. Vor einigen Jahren hat man endlich begonnen, die terrassenförmig angelegten Limonengärten zu rekonstruieren, nicht zuletzt deshalb, um dem Namen Riviera dei Limone wieder gerecht zu werden.

In der Limonaia del Castèl, einem rekonstruierten Zitronengarten aus dem 17. Jahrhundert, können Sie zwischen 70 unterschiedlichen Sorten von Zitrusbäumen spazieren und sich am unglaublichen Duft der Blüten und Früchte erfreuen. Technikfreaks wird das Bewässerungssystem aus dem 18. Jahrhundert besonders interessieren. Noch heute fließt das Wasser vom Wildbach San Giovanni durch den Calmèta-Kanal und versorgt die Bäume. Ein besonderes Highlight sind die »Notte sotto le stelle«, die mehrmals im Jahr stattfinden. Dann ist die Limonaia bis Mitternacht geöffnet und Sie spazieren unterm Sternenhimmel durch den duftenden Zitronengarten.

La Limonaia del Castèl Limone · Via IV Novembre · 25010 Limone sul Garda
Tel. +39 0365 95 40 08 · Öffnungszeiten u. Eintritt s. Webseite · www.visitlimonesulgarda.com

RIVA OHNE MENSCHENSCHAREN

71

Riva ist ein Touristenmagnet, nicht zuletzt, weil das Städtchen am obersten Zipfel des Gardasees ein architektonisches Kleinod ist. Der leicht schiefe Uhrturm Torre Apponale überragt mit seinen 34 Metern die von der K.u.k.-Zeit geprägten Häuser und die engen, stets stark frequentierten Gassen.

Parallel zur Tourimeile Via Fiume, in der sich Souvenirshops mit Modegeschäften, Bars und Restaurants abwechseln und sich von morgens bis abends Besucherscharen durchschlängeln, liegt die Via del Marocco. Biegen Sie am Ende der Piazza 3 Novembre, dem pulsierenden Mittelpunkt von Riva mit den schattenspendenden Arkaden, in diese schmale Gasse ein, so tauchen Sie ein in wohltuende Ruhe. Bunt bemalte Häuser – in Gelb, Blau und Orange – säumen den Kopfsteinpflasterweg, schön anzusehende Holztüren und liebevoll gepflegte, winzige Balkone oder traditionelle Hauseingänge lassen sofort erkennen, dass dies eine echte Wohngegend ist. Kein Hotel, kein Kitschladen stört diesen Pfad der Stille, nur dann und wann erhascht man durch ein enges Gässchen einen Blick auf die belebte Via Fiume.

Quartiere del Marocco heißt das begehrte Wohnviertel und man vermutet, dass der Name auf einen Steinhaufen zurückzuführen ist, der hier von der Rocchetta, dem 1575 Meter hohen Berg über Riva, heruntergestürzt ist. Der Fußweg durch die schönen Häuser endet an einem hübschen Platz mit dem eleganten Bischofspalais, dem Palazzo Vescovile aus dem 12. Jahrhundert, heute eine noble Wohnanlage. Gegenüber befindet sich eine kleine San Rocco geweihte Ädikula, eine kleine antike Nische mit der Figur des Heiligen Rocco, eingelassen in einem orangefarbenen Haus. Gleich daneben können Sie unter einem überdachten, ehemaligen Waschplatz das Flair der Contrade Marocco auf sich wirken lassen, bevor Sie über den Slargo del Pozzo, eine kleine *piazzetta* mit einem sehenswerten Brunnen aus dem Jahr 1822, wieder zurück ins Menschengetümmel gelangen.

Leon d'Oro · Via Fiume 28 · 38066 Riva del Garda · durchgehend von mittags bis abends warme Küche · Tel. +39 0464 55 23 41 · www.leondororiva.it · Informationen über Riva: Ingarda Trentino Infobüro L.go Medaglie d'Oro 5 · Tel. +39 0464 55 44 44

72 DAS NORDUFER UND SEINE DICHTER

Obwohl sich das Wort Tourismus vom französischen »Grand Tour«, der obligatorischen Reise der Söhne des europäischen Adels, ableitet und im 18. Jahrhundert in England seine Höchstform erreichte, war es Johann Wolfgang von Goethe, der mit seiner *Italienischen Reise* eine ungeahnte Reisewelle zum Gardasee auslöste.

Goethe wird zu Recht als Erfinder des Italientourismus bezeichnet. Während auf den Bildungsreisen der High Society des 18. und 19. Jahrhunderts auf der Route Venedig – Florenz – Rom der Gardasee noch links liegen gelassen wurde, änderte sich das nach Goethes Versen »Kennst du das Land, wo die Zitronen blühn«. Auf seiner Reise nach Verona machte er zuerst in Torbole halt, wo er von der natürlichen und sorglosen mediterranen Lebensart überaus begeistert war. Hier nahm er auch die bereits begonnene Arbeit an seinem Drama *Iphigenie auf Tauris* wieder auf, in einem Zimmer mit Seeblick, weit weg vom tristen Weimar.

Ein regelrechter literarischer Gardasee-Boom entstand, nachdem der Wiener Arzt Christoph Hartung von Hartungen in Riva ein Sanatorium eröffnet hatte, das zwar als Lungensanatorium bekannt war, sich aber vorwiegend mit der Psyche seiner berühmten Patienten beschäftigte. Das Sanatorium von Hartungen war Treffpunkt zahlreicher Schriftsteller, Künstler, Wissenschaftler und Aristokraten. In Riva, Arco und Torbole entstand eine literarische Szene deutscher Dichter. Abwechselnd dichteten und philosophierten hier Rainer Maria Rilke, Friedrich Nietzsche, Thomas und Heinrich Mann sowie Franz Kafka.

Kafkas bekannte Erzählung vom *Jäger Gracchus* (1917), die einen Toten beschreibt, der nicht zur Ruhe kommt, beginnt an der Hafeneinfahrt von Riva: »Eine Barke schwebte leise, als werde sie vom Wasser getragen, in den kleinen Hafen …« Heute warten an dieser Stelle Youngsters aus aller Welt auf die *ora*, den pünktlich einsetzenden Nachmittagswind, um sich auf ihren Surfbrettern hinaus auf den See tragen zu lassen.

Spaziergang auf Kafkas Spuren mit Prof. Farina · deutschsprachig, Anmeldung: Ingarda Trentino L.go Medaglie d'Oro 5 · 38066 Riva del Garda · Tel. +39 0464 55 44 44 · www.visitgarda.com

GOETHE
1786

54
52

MITTELALTERLICHES KÜNSTLERDORF

73

Das zauberhafte mittelalterliche Künstlerdorf Canale, wenige Kilometer von Riva entfernt, ist fast noch im Originalzustand erhalten und zählt zu den schönsten Dörfern Italiens. Das Urtümliche und Unverfälschte lockte im Lauf der Jahre viele Künstler an, die dem Kleinod wieder Leben eingehaucht haben.

Häuser aus Bruchsteinen, enge Gassen, Gewölbedurchgänge und die typischen Holzbalkone des Trentino, auf denen auch heute noch die frisch geernteten Maiskolben zum Trocknen aufgehängt werden, prägen den Charakter des Minidorfes. Kunstmaler, Musiker, Bildhauer, Töpfer und Schriftsteller haben sich hier oben – 600 Meter über dem Gardasee – niedergelassen oder verbringen zumindest einen Teil ihrer Zeit in Canale. Sie lassen sich inspirieren von der idyllischen Landschaft, dem Traumblick auf den See, der Stille des Bergdorfs (vor allem abends, wenn die Besucher wieder unten am Ufer weilen) und dem geselligen Beisammensein Gleichgesinnter.

Die Casa degli Artisti (»Künstlerhaus«), dem Maler Giacomo Vittone gewidmet, ist der kulturelle Mittelpunkt. Giacomo Vittone (geboren in den 1960er-Jahren) radelte von Riva hinauf nach Canale und begann Ausstellungen, Kurse und Seminare zu veranstalten. Zugleich bot er den teilnehmenden Künstlern die Möglichkeit zur Übernachtung. So entwickelte sich im Laufe der Zeit in den alten Gemäuern eine Stätte der Kultur.

Wenn Sie selbst gern zum Pinsel greifen möchten, können Sie hier Aquarell- und andere Malkurse belegen, aber auch Töpfern, Fotografieren, Tanzen und anderes mehr lernen. Zudem finden das ganze Jahr über Ausstellungen bekannter und weniger bekannter Künstler statt. Im Sommer veranstalten die Bewohner ein mittelalterliches Fest mit Gesängen und Tänzen. Während dieses sommerlichen »Rustico Medioevale« können Sie sich stilecht an Gerichten, wie sie aus dieser Zeit überliefert sind, stärken und dazu die Weine der Region genießen.

Casa degli Artisti Giacomo Vittone · Borgo Medioevale di Canale · La Piazzetta di Canale
38060 Tenno · Museum April–Okt. Di–So 10–12.30 u. 14–18 Uhr · Eintritt frei
Tel. +39 0464 50 20 22 · www.visittrentino.it · www.canaleditenno.com

14 TRAUMBLICK AUF DAS SANFTE VALPOLICELLA

Vom hoch gelegenen Dörfchen San Giorgio aus bietet sich dem Betrachter bei guter Fernsicht neben den Weinbergterrassen auch ein fantastischer Blick auf das Etschtal bis hin zum Gardasee. Aber auch der verträumte Ort selbst ist einen Besuch wert, besonders die romanische Kirche.

San Giorgio thront über dem Weinparadies Valpolicella, umgeben von Spitzen-Weinlagen. Von Affi kommend führt von Sant Ambrogio eine Serpentinenstraße hinauf in das 350 Meter hoch liegende Örtchen. An den Wochenenden sieht man oft hübsch geschmückte Karossen hinauffahren, denn die romanische Kirche ist beliebt für Hochzeiten. Aber auch für Nicht-Heiratswillige oder jene, die es längst hinter sich haben, ist diese Kirche mit dem gut erhaltenen Kreuzweg einen Besuch wert.

Verbinden Sie Ihren Besuch in San Giorgio mit einem Essen in der Trattoria Rosa Alda, im Herzen des Dorfes. Ruhetag So.abend und Mo. www.dallarosalda.it

Das Hauptportal ist meist geschlossen, aber auf der rechten Seite, wenn Sie vor der Kirche stehen, können Sie das Gotteshaus betreten. Wunderschön ist im Inneren die Schlichtheit der aus Veroneser Steinen erbauten Kirche aus dem 11. Jahrhundert. Die Westfassade, so vermutet man, stammt aus der Langobardenzeit. Bei näherer Betrachtung erkennen Sie, dass sie auf den Grundmauern eines ehemaligen römischen Tempels erbaut wurde. Großartig zu sehen sind diese freigelegten Ausgrabungen, wenn Sie durch den Kreuzweg den Trampelpfad hinter der Kirche betreten. Man kann ganz deutlich die Räume und Wirkungsstätten der damaligen Zeit erkennen. Links neben der Kirche ist ein kleines Museum untergebracht, mit Fundstücken aus der römischen und langobardischen Zeit. Weithin sichtbar ist der ebenfalls aus heimischen Natursteinen erbaute Kirchturm. Die Hauptstraße wurde 2013 neu mit Steinen der Region gepflastert und der Parkplatz weiter nach unten verlegt. Seitdem stören keine parkenden Autos den Blick auf die liebliche Landschaft.

Pieve di San Giorgio di Valpolicella · Frazione San Giorgio · 37010 Sant'Ambrogio di Valpolicella
www.infovalpolicella.it/ita/vivi-la-valpolicella-arte-e-cultura/216/

75 ÜBER VERONAS PONTE PIETRA ZUM CASTELLO

Aufgrund seiner Lage am Ausgang des niedrigsten Alpenübergangs fanden in Verona in der Vergangenheit viel mehr Berührungen zwischen der germanischen und romanischen Lebensart statt als in irgendeiner anderen Stadt in Italien.

Angesichts der vielen meist nördlichen Besucher, die Jahr für Jahr auf den römischen Stufen der Arena den italienischen Opern lauschen, scheint sich das bis heute nicht geändert zu haben. Noch nordischer wird es, wenn man die Etsch über die steinerne Römerbrücke überquert und das romantische Treppchen zum Castel San Pietro hinaufwandert. Dort, wo heute die ehemalige Habsburger Kaserne steht, war einst das Schloss von Re Teoderico, besser bekannt als Dietrich von Bern. Beim Blick von der Terrasse des benach-

barten Lokals auf das darunterliegende Römische Theater versteht man, dass sich unser Wort Romantik von »Roma antica« ableitet. Dabei ging es zu Zeiten der Völkerwanderung recht barbarisch zu. Nach Theoderichs Goten kamen nämlich die Langobarden mit König Alboin. Um die Königstochter Rosamunde zu gewinnen, tötete er ihren Vater und ließ aus dem Schädel einen vergoldeten Trinkbecher anfertigen. Bei der Hochzeit zwang er seine Braut, daraus zu trinken. Rosamunde rächte sich dafür und ermordete den schlafenden Alboin.

Doch zurück zu den romantischen Momenten: Der Blick von Castel San Pietro auf Verona – vor allem bei Vollmond – ist an Romantik kaum zu übertreffen. Auf dem Weg zurück zur Piazza delle Erbe kommen Sie an der von den Dominikanern erbauten gotischen Kirche Sant'Anastasia vorbei. Sehenswert sind der beeindruckende Marmorboden und die berühmten Fresken von Pisanello und Altichiero. Vorbei an dem gotischen Reiterstandbild der Cangrande gelangen Sie in das »Wohnzimmer« der Veroneser, zur Piazza dei Signori mit der Dante-Statue. Das Caffè Dante, das älteste Café der Stadt, ist der richtige Platz, um alles auf sich wirken zu lassen.

Kirche Sant'Anastasia · Piazza Anastasia · 37010 Verona · März–Okt. 9–18 Uhr · Eintritt 3 €
https://verona.com/de/verona/chiesa-di-santa-anastasia
mehr Informationen zu Verona: www.turismoverona.eu

76 MARMOR IN ALLEN FACETTEN

Fährt man von Affi in Richtung Valpolicella, prägen Marmor verarbeitende Betriebe und Steinbrüche das Landschaftsbild. Einer, der aus diesen riesigen Steinblöcken Kunstvolles gestaltet, ist Oscar Sandri. Seine Werke sind geprägt von einer beschwingten Leichtigkeit. Das Handwerk und die Leidenschaft dafür hat Sandri von seinem Vater geerbt, der ihn auch lehrte, gut zuzuhören, um die Wünsche der Auftraggeber zu verinnerlichen. Denn nur durch die Synergie zwischen Kunden und Künstler können Traumvorstellungen Wirklichkeit werden. In seinem Ausstellungsraum stehen ganz praktische Dinge wie modern designte Waschbecken, Badewannen, Spülbecken, aber auch Skulpturen – modern oder klassisch – und viel Schönes mehr.

Oscar Sandri · Via Polveriera 23 · 37010 Rivoli · Tel. +39 045 728 02 75 u. +39 347 259 82 67
www.oscarsandri.it

77 EIN UNGEWÖHNLICHER BRIEFKASTEN

Verona steckt voller venezianischer Relikte. Eines davon sehen Sie an der Wand des Palazzo del Comune – dem ältesten Rathaus Italiens. Es ist eine Maske mit geöffnetem Mund und sieht eigentlich ganz lustig aus, hat aber eine ernste Geschichte. Einst war dies ein Briefkasten für anonyme Anzeigen. Der Denunziant schrieb den Namen eines Verdächtigen und die Verfehlung auf und riss den Zettel entzwei. Einen Teil steckte er in den Briefkasten, den anderen behielt er. Ermittler nahmen die Untersuchungen auf und dem Beschuldigten wurde der Prozess gemacht. Der Denunziant konnte dann im Falle einer Verurteilung mit der anderen Hälfte des Zettels zum Gericht gehen und sich seine Belohnung abholen.

Palazzo dei Comune mit Torre dei Lamberti · Via della Costa 2 · 368 Stufen oder ein Lift zur Aussichtsplattform des 83 m hohen Turms Torre dei Lamberti, traumhafte Sicht auf die Stadt
Öffnungszeiten und Eintritt siehe www.torredeilamberti.it

DENUNZIE SECRETE
CONTRO USURARJ,
E CONTRATI
USURATICI DI
QUALUNQUE SORTE

SCHÖNE, VERRÜCKTE WELT - GIARDINO GIUSTI

78

Das Wort Garten - italienisch *giardino* - kommt aus dem Altpersischen und bedeutet »Paradies«. Wenn Sie durch den dunklen Torbogen des Palazzo Giusti gehen und dann durch die Zypressenallee hinauf zum Garten, werden Sie dies sicher nachvollziehen können.

Hier ist alles ein wenig anders. So steht die Villa nicht wie üblich oben auf dem Hügel, sondern unten, zu dessen Füßen. Vielleicht macht gerade das den Reiz aus und setzt den Garten in ein besonderes Licht. Der erstreckt sich nämlich den Hügel hinauf zu einem der schönsten Renaissancegärten Italiens. Die Ursprünge des Parks gehen in das 16. Jahrhundert zurück, da errichtete Familie Giusti den Palazzo Giusti, umgeben von einer herrlichen Parkanlage. So englisch, wie sich der Giardino Giusti heute präsentiert, entstand er im 19. Jahrhundert.

Nur einen Steinwurf von der Arena entfernt, können Sie vor der Oper noch eine leichte Küche genießen. Locanda 4 Cuochi, Via Alberto Mario 12, Tel. +39 045 803 03 11, www.locanda4cuochi.it

Eine Allee uralter Zypressen, die Goethe auf seiner *Italienischen Reise* beschrieb und die ihn tief beeindruckte, gliederte den Park in zwei Bereiche. Rechts ein Wäldchen, ähnlich einem Englischen Garten, der zu einer Grotte führte, links die in kreative Formen geschnittenen Rabatten eines *giardino all'italiano*.

Wie es für einen Renaissancegarten üblich war, ist auch dieser reich bestückt mit zierlichen Statuen, herrlichen Fischteichen, Brunnen mit prachtvollen Wasserspielen und von Moos umrandeten Becken mit zauberhaften Seerosen. Erst ganz oben, von der Terrasse des Belvedere, erschließt sich die harmonische Kombination dieser zwei unterschiedlichen Gartenanlagen vollends. Sehenswert ist die überdimensionale Maskenskulptur, der *Maskeron*, aber noch fantastischer ist der Blick von hier oben auf den Palazzo Giusti, die Etsch und die Altstadt von Verona. Ein herrliches Plätzchen, um nicht nur die Vegetation des Gartens, sondern auch das Flair von Verona voll und ganz in sich aufzusaugen!

Giardino Giusti · Via Giardini Giusti 2 · 37121 Verona · Tel. +39 045 803 40 29
Öffnungszeit Sommer 10–19, Winter 9–17 Uhr · Eintritt 10 € · https://giardinogiusti.com

19 KULTUR MIT MOND – DAS TEATRO ROMANO

Verglichen mit den Unterhaltungsmöglichkeiten der heutigen Zeit entspräche das Teatro Romano einem Schauspielhaus, die Arena wäre das Fußballstadion. Im antiken Verona lag die Arena außerhalb der Stadt, das Theater dagegen in unmittelbarer Zentrumsnähe, erreichbar über die Steinerne Brücke.

Erbaut wurde das Theater zur Zeit Kaiser Augustus' (63 v. Chr. bis 14 n. Chr.) als Platz zur moralischen Erbauung durch das Schauspiel. Vielleicht war dies eine Art Wiedergutmachung für das grausame »Brot und Spiele« in der Arena. Wahrscheinlich war der Kulturetat auch damals nicht so üppig ausgestattet wie der Vergnügungsetat, weshalb beim Baumaterial gespart werden musste. Statt des teuren Veroneser Marmors, der in der Arena verwendet wurde, nahm man im Theater, dort, wo es nicht sofort auffiel, billigen porösen Kalkstein, der leider allzu rasch verwitterte. Nach dem Untergang des Römischen Reiches verfiel das Theater und von dem ehemals beeindruckenden Bühnenkomplex ist kaum noch etwas vorhanden. Lediglich der Zuschauerraum blieb erhalten, nachdem die Überbauungen des Mittelalters entfernt wurden. Dafür benötigte man auch keine Stützwände, denn die Ränge und Logen wurden einfach in den ansteigenden Hang des Colle di San Pietro hineingebaut.

Nach dem Schauspiel ist die Osteria Alcova del Frate, Via Ponte Pietra 19A, genau das Richtige. Tgl. geöffnet von 10–1 Uhr nachts, www.alcovadelfrate.it

Heute ist das Teatro Romano wieder ein fester Bestandteil des Theatersommers in Verona und lockt viele Tausend Besucher auf die andere Etschseite. In einem 105 Meter weiten Halbkreis öffnet sich das Theater zur Flussseite hin und von den steinernen Sitzreihen aus bietet sich ein fantastischer Blick auf die Bühne und den Fluss. In diesem Halbrund nachts den unsterblichen Worten Shakespeares zu lauschen, vermittelt vielleicht keinen so gigantischen Eindruck wie der Triumphmarsch aus *Aida* in der Arena, an Erlebnistiefe ist er aber durchaus ebenbürtig.

Teatro Romano Piazzetta · Regaste Redentore 2 · 37129 Verona
Eintritt 4,50 € · Öffnungszeiten u. Tickets für Vorstellungen s. Webseite · www.turismoverona.eu

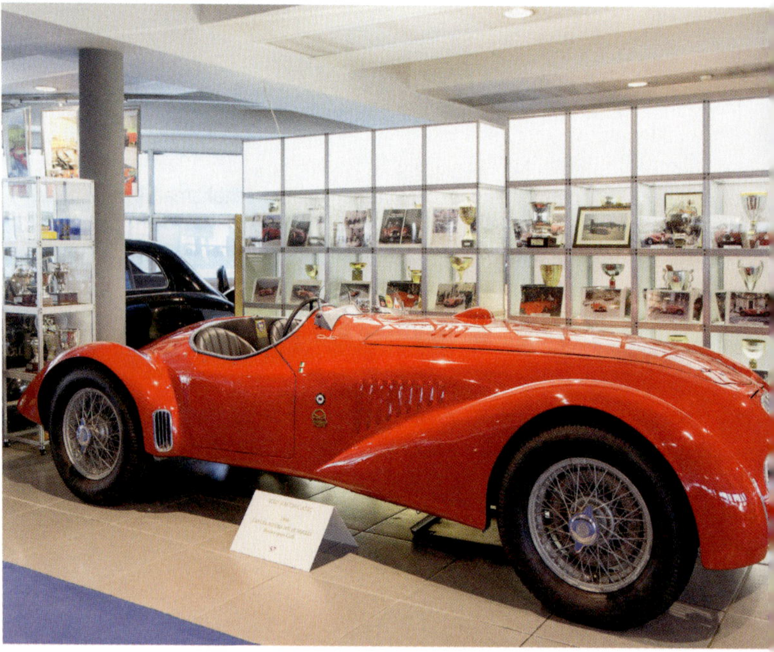

OLDTIMER UND NOCH VIEL MEHR

80

In der Kleinstadt Villafranca, 20 Kilometer südlich von Verona, hat Luciano Nicolis, ein Bürger dieser Stadt, ein Museum errichtet, das kein Museum im traditionellen Sinne ist. Es bietet weitaus mehr als nur eine Ausstellung von Oldtimern, es zeigt die technische Entwicklung durch alle Bereiche.

Der Gründer des grandiosen Museo Nicolis träumte als Kind davon, einmal ein Auto zu besitzen. Er wurde ein erfolgreicher Geschäftsmann und blieb seiner Leidenschaft für schöne Wagen ein Leben lang treu. Wo immer er auf seinen Reisen alte Fahrzeuge entdeckte, kaufte er sie und ließ sie in seiner eigenen Werkstätte in neuem Glanz erstrahlen. Seine Teilnahme an der berühmten »Mille Miglia« war obligatorisch. Im Lauf der Zeit wuchs in ihm der Wunsch, seine große Sammlung allen Menschen zugänglich zu machen, denn einer seiner Leitsprüche war: »Wir sind nicht die Besitzer von alldem, wir sind dessen Hüter für die Zukunft«. Er baute das lichtdurchflutete Museum im Gewerbegebiet von Villafranca, zum einen, um seine einzigartige Oldtimersammlung zu zeigen, aber noch viel mehr, um die rasante technische Entwicklung des 19. und 20. Jahrhunderts zu präsentieren.

Anschaulich können Sie hier die Entwicklungsgeschichte des Fahrrads und Motorrads, aber auch der Schreibmaschine, der Fotokameras und sogar der Musikinstrumente erkunden. Luciano Nicolis interessierte sich nicht nur für die Schönheit der Dinge, sondern ebenso für deren technischen Hintergründe. Deshalb erfahren Sie hier z. B. anhand der ausgestellten Motoren auch von den unterschiedlichen Prozessen, die notwendig waren, um Autos leistungsstärker und schneller zu machen.

Beeindruckend ist auch das Gebäude selbst: eine mehrstöckige, offene Struktur, die es erlaubt, je nach Bedarf die Räume für eine Ausstellung immer wieder anders zu gestalten. Das Licht kann ungehindert durch die riesigen Glasfassaden gelangen und verleiht den ausgestellten Stücken einen besonderen Glanz.

Museo Nicolis · Viale Postumia · 37069 Villafranca · Eintritt: 14 €
Tel. +39 045 630 32 89 · Öffnungszeiten s. Webseite · www.museonicolis.com

81 BUON GIORNO STATT GUTEN TAG

»Völker Italiens sind all jene, die man auf Italienisch sprechen hört«, sprach Dante vor über 700 Jahren und legte damit die Grenze des »Bel Paese« fest. Die Politik des 20. Jahrhunderts hat zwar die nördliche Grenze an den Brenner verschoben, aber richtig angekommen ist man in »Bella Italia« erst im Trentino.

Die Grenze zwischen deutscher und mediterraner Lebensart beginnt hinter der Salurner Klause. Nun sind die Ortsschilder nicht mehr zweisprachig wie in Südtirol, der Baustil der Häuser unterscheidet sich deutlich und statt »Guten Tag!« heißt es nun »Buon giorno!«. Auf dem Weg zum Gardasee düsen viele an Trento (auf Deutsch: Trient) vorbei; nicht wissend, wie sehenswert diese erste »echte« italienische Stadt hinter dem Brenner ist.

Weltberühmt, wenn auch nur für kurze Zeit, wurde Trento durch Bischof Bernhard von Cles, unter dessen Amtszeit die Stadt Tagungsort für das Tridentinische Konzil wurde (zwischen 1445 und 1463). In den Jahren vor der Eröffnung des Konzils, das der bauwütige Bischof selbst nicht mehr erlebte, war die gesamte Stadt eine Großbaustelle. Neue Plätze wurden angelegt, Straßen gepflastert und bereits vorhandene Palazzi mit illusionistischen Fresken bemalt, die manchmal so täuschend echt wirkten, dass man die gemalte Architektur von der tatsächlichen nicht unterscheiden konnte. Diese prachtvollen Fassaden rund um den wunderschönen Domplatz sind auch heute noch eine Augenweide. Den Bischöfen schien der Aufenthalt in Trient und wahrscheinlich auch die gute Küche so gut gefallen zu haben, dass sich die Dauer des Konzils mit Unterbrechungen auf 18 Jahre ausdehnte. Besonders angetan waren sie von der berühmtesten kulinarischen Spezialität, den *strangolapreti*, Spinatnocken, mit Parmesan bestreut.

Einen guten Eindruck von den prunkvollen Versammlungen der Konzilteilnehmer vermitteln Ihnen ein im Jahre 1633 gemaltes Bild an der rechten Chorwand in der sehenswerten Kirche Santa Maria Maggiore sowie einige Tafelbilder im Diözesanmuseum.

Chiesa di Santa Maria Maggiore · Piazza S. Maria Maggiore · Vicolo delle Orsoline 1 38100 Trento · vormittags u. nachmittags für Besucher geöffnet

BAR
CAFFETTERIA
NETTUNO
Pellini

TRADITION UND MODERNE IN TRIENT

82

Trient ist sehenswert und hier lässt es sich gut leben! Das beweisen neben dem Bevölkerungszuwachs auch die Umfragewerte. Trient wurde zur Stadt mit der höchsten Lebensqualität aller 103 Provinzstädte in Italien gewählt und belegt auch im europäischen Ranking vordere Plätze.

Das riesige gotische Radfenster in der Fassade des Doms, das sofort ins Auge fällt, diente weniger der Beleuchtung des Innenraums, es stand als Symbol für das Rad der Fortuna. Bei genauer Betrachtung stellen Sie nämlich fest, dass an der höchsten Stelle ein Mensch steht, der nach rechts abstürzt, sich am Boden krümmt und nach links wieder emporgehoben wird. Damit wollte man im Mittelalter den Gläubigen zu verstehen geben, dass alles menschliche Bemühen umsonst ist, weil nur mit der Hilfe Gottes ein Ab- und Aufsteigen möglich ist.

Wie sehr sich die Trentiner als Italiener verstanden, zeigt eine Geschichte aus dem 19. Jahrhundert. Als nämlich die Österreicher 1858 zwecks schneller Truppenverschiebung in ihre besetzten Gebiete in Norditalien die Brenner-Eisenbahn bauten, musste die Etsch, die zusammen mit der Torre Vanga das westliche Bollwerk der Stadt bildete, verlegt werden, um Platz für einen Bahnhof zu schaffen. Aus Protest stellten die Trentiner ein nicht übersehbares Denkmal des italienischen Nationaldichters und Vaters der italienischen Sprache, Dante Alighieri, vor dem Bahnhof auf.

Traditionsdenken gehört zu Trient, aber auch Modernität prägt die Stadt. Das spiegelt sich im wissenschaftlichen Museum MUSE und im neu entstehenden Stadtteil Finestra sull'Adige (»Fenster zur Etsch«) wider. Beide Projekte hat kein Geringerer als der Stararchitekt Renzo Piano konzipiert, der in Städten wie Paris (Centre Pompidou) und in Berlin (Atrium Tower am Potsdamer Platz) bereits beachtliche bauliche Akzente gesetzt hat. Die Stadt Trient hat beschlossen, sich der Moderne gegenüber zu öffnen, ohne dabei auf die Tradition zu verzichten.

Tourismusbüro Trento · Piazza Dante 24 · 38100 Trento · tgl. 9–19 Uhr · Tel. +39 0461 21 60 00
Öffnungszeiten siehe Website www.discovertrento.it/de/uffici-turistici

83 MUSE – WISSENSCHAFT GUT VERSTÄNDLICH

Neue Maßstäbe für die Wissenschaft – sowohl im Äußeren als auch im Inneren – setzt die Stadt Trient mit dem am 27. Juli 2013 eröffneten Museum MUSE. Von außen erinnert die Form an die Trentiner Berge, innen bietet sich dem Betrachter ein über fünf Stockwerke offenes, helles Museum.

Den Parcours durch MUSE beginnen Sie am besten ganz oben auf der Terrasse mit einem spektakulären Blick auf die Stadt und das Etschtal. Von da geht's bergab. Das vierte Stockwerk ist den Berggipfeln und Gletschern gewidmet, untermalt von Klängen und einer lebendigen Landschaft, die sich immer wieder verändert. Tiefe Wälder, Gipfel der Dolomiten, Gletscher und hautnahe Aufnahmen von Lawinenabgängen lassen Sie unmittelbar in die faszinierende Bergwelt eintauchen. MUSE animiert aber auch zum aktiven Mitmachen. So können Sie auf einem Klettersteig in 23 Meter Höhe testen, ob Sie schwindelfrei sind.

Ein Stockwerk tiefer sind Sie dann hautnah mit der alpinen Natur vereint. Auf einem imaginären Wanderweg durchschreiten Sie 26 unterschiedliche Lebensräume und zwei Aquarien. Im zweiten Stockwerk steht die Geologie im Mittelpunkt. Auf unterhaltsame Weise erkunden Sie die Entwicklung geologischer Räume der Vergangenheit. Eine multimediale Reise macht anhand geologischer Ausstellungsstücke wie Steinmaterial, Fossilien und Mineralien den Alpenraum verständlich. Wer mehr und mehr in die Vergangenheit abtauchen möchte, geht in den ersten Stock. Hier wird anschaulich die kulturelle, wirtschaftliche und gesellschaftliche Entwicklung der Alpen gezeigt, vom Neandertaler bis hin zum Homo sapiens, von der Landwirtschaft in der Jungsteinzeit bis zur frühgeschichtlichen Metallverarbeitung. In einem Videoraum können Sie sich selbst in die Urzeit zurückversetzen.

Das Erdgeschoss ist ein absolutes Aha-Erlebnis für Kinder. Ziel von MUSE ist es nämlich, Kindern nahezubringen, dass die Wissenschaft etwas Begeisterndes ist, etwas, das man direkt erleben kann, und keine trockene Materie.

MUSE · Wissenschaftliches Museum · Corso del Lavoro e della Scienza 3 · 38122 Trento
Eintritt 11 € · Tel. +39 0461 27 03 11 · Öffnungszeiten s. Webseite · www.muse.it

84 GLOCKENSCHLÄGE FÜR DEN FRIEDEN

Glockentöne über der Stadt Rovereto sind ein Signal des Friedens. Jeden Abend, im Sommer um 21.30 und im Winter um 20.30 Uhr, sowie jeden Sonntag um 12 Uhr erinnern 100 Glockenschläge an die Gefallenen aller Kriege auf dieser Erde und sind gleichzeitig eine ständige Mahnung für den Frieden.

Maria Dolens (Leidende Maria) heißt die größte Glocke der Welt, die als Mahnmal auf dem Colle di Miravalle über Rovereto thront. Die Idee zu dieser Glocke hatte der Geistliche Don Antonio Rossaro. Er veranlasste 1924, die Kanonen aller Nationen, die am Ersten Weltkrieg beteiligt waren, einzuschmelzen und eine Glocke daraus zu gießen. Man taufte die Glocke am 24. Mai 1925 Maria Dolens und brachte sie auf das Castello von Rovereto. Da der Klang der Glocke nicht so klar war, wie man erhofft hatte, transportierte man sie 1939 nach Verona, um sie erneut einzuschmelzen. Am 26. Mai 1939 kehrte sie dann nach Rovereto zurück, um wieder an den Frieden in der Welt zu mahnen.

Viele Jahre später, genau am 31. August 1960, hörte die Glocke wegen eines Risses auf zu schlagen. Die Bewohner von Rovereto gaben aber nicht auf. Sie sammelten Spendengelder, um das erneute Einschmelzen zu ermöglichen. Am 31. Oktober 1965 brachte man die gewaltige Glocke auf den Petersplatz in Rom, wo sie von Papst Paul VI. gesegnet wurde. Mit einem Triumphzug wurde das edle Teil zurück nach Rovereto transportiert und auf dem Colle di Miravalle aufgebaut. Dort hängt sie noch heute und erinnert mit ihren 100 Schlägen an die Gefallenen aller Kriege auf dieser Welt. An der riesigen Glocke sind die Wünsche der Päpste Pius XII. und Johannes XXIII. eingraviert: »Nichts geht durch den Frieden verloren. Alles kann durch den Krieg verloren gehen.«

Stellen Sie sich darunter – es ist beeindruckend, denn sie ist 3,36 Meter hoch, hat einen Durchmesser von 3,21 Metern und wiegt 22,639 Tonnen. Im Museum wird die Geschichte dieses Mahnmals dargestellt.

Campana dei Caduti · Friedensglocke · Colle di Miravalle · 38068 Rovereto
Museum: April–Sept. 9–19 Uhr · Eintritt 4 € · www.fondazioneoperacampana.it

MART – PANTHEON OHNE FASSADE

85

Rovereto hat es mit MART, dem Museo d'Arte Moderna e Contemporanea, innerhalb kürzester Zeit geschafft, zu einem der wichtigsten europäischen Treffpunkte moderner Kunst zu werden. Wechselnde thematisch gestaltete Ausstellungen, aber auch das Bauwerk selbst, locken Jahr für Jahr Zigtausende Besucher an.

Raum für die Kunst, nicht Raum trotz der Kunst, unter diesem Motto begann der aus dem Tessin stammende Architekt Mario Botta 1987 mit der Planung dieses neuen Museums. Es standen ihm zwar 29 000 Quadratmeter Fläche zur Verfügung, verzwickt war jedoch die Lage. Das Gebäude sollte in der historischen Via Bettini zwischen zwei ehrwürdigen Palazzi aus dem 18. Jahrhundert platziert werden. Mit einem, wie er es nannte, »Pantheon ohne Fassade« löste er das Problem. Die drei Stockwerke des Museums werden von einem 6000 Quadratmeter großen Platz umrahmt, über dem sich in 25 Meter Höhe eine Glaskuppel mit einem Durchmesser von 40 Metern wölbt. Dieser Platz ist sehr beliebt für größere Veranstaltungen der Stadt.

Lassen Sie sich im Ristorante Colombano mit typischen Trentiner Gerichten verwöhnen! Via Vicenza 30, Rovereto, Tel. +39 0464 43 60 06, www.ristorantesancolombano.it

Nach fünfjähriger Bauzeit konnte am 20. August 2002 das Museum mit 12 000 Quadratmetern Ausstellungsfläche eröffnet werden. Faszinierend ist bereits beim Betreten der Vorhalle der überwältigende Blick in den Himmel und die Rovereto umgebenden Berge. Neben den ständig wechselnden Themenausstellungen internationaler Künstler werden auch die eigenen Bestände gezeigt. Das Museum besitzt über 30 000 Gemälde, Zeichnungen, Schnitte und Skulpturen. Nicht entgehen lassen sollten Sie sich die berühmten Bilder von Andy Warhol sowie einige Werke von Picasso, Fontana, de Chirico sowie Christos Verpackungskunst. Ein Teil des Museums, der Fortunato Depero gewidmet ist, dient der Erforschung des Futurismus.

MART Rovereto · Corso Bettini 43 · 38068 Rovereto · Di–So 10–18, Fr 10–21 Uhr
Eintritt 11 € · +39 0464 43 88 87 · www.mart.trento.it

HEUTE WILL ICH RAUS!

86 DIE PUNTA SAN VIGILIO MAL VON OBEN

Die Punta San Vigilio ist der schönste Platz am Gardasee – da sind sich Einheimische und Touristen einig. Während der Saison ist das manchmal schwer nachvollziehbar, weil Menschenscharen das einzigartige Flair trüben. Am besten genießt man dann diesen magischen Ort von oben.

Einen kleinen Fußmarsch muss man in Kauf nehmen, aber dann hat man bei himmlischer Ruhe einen gigantischen Blick auf die wunderschöne Landzunge, die elegante Villa Brenzone und die »Baia delle Sirene«. Romantiker sollten sich rechtzeitig vor Sonnenuntergang auf den Weg machen.

Es gibt auf der anderen Seite der Gardesana eine beschilderte Aussichtsplattform, von der aus Sie einen herrlichen Blick auf das Objekt der Begierde

haben, aber auf die Idee sind schon mehr gekommen. Will man allein sein, wandert man ein wenig weiter nach oben in Richtung der Felsenmalerei. Kurz vorher biegt man links ab, aber Vorsicht, es ist nichts ausgeschildert! Weiter geht es auf einem Trampelpfad bergauf, bis Sie zu einer Lichtung kommen. Ein großer Fels dient als Sitzgelegenheit! Machen Sie es sich bequem und genießen Sie es, wie die Sonne über den Bergen der Lombardei versinkt und die Punta San Vigilio in warmes Licht taucht. Und vielleicht ergeht es Ihnen nun wie dem Humanisten Agostino di Brenzone, der 1540 dieses Gesamtkunstwerk aus Natur und Villa errichten ließ. Er schrieb: »Selbst Neptun ließ das Meer im Stich, trachtend dem Benacus die Herrschaft zu entreißen.«

Wenn es Ihr Geldbeutel zulässt, können Sie in der Locanda San Vigilio, dem früheren Gästehaus der Villa Brenzone und heute ein Luxushotel, eine der noblen Suiten mieten. Von den Gemächern aus haben schon zahlreiche berühmte Persönlichkeiten, unter anderem Winston Churchill, Prinz Charles, König Juan Carlos, Vivien Leigh und viele mehr, den bezaubernden Blick auf den See und die einzigartigen Sonnenuntergänge genossen.

Punta San Vigilio · 37016 Garda · zum Geheimplatz kurz vor Punta San Vigilio von Garda kommend rechts in einen Feldweg abbiegen und parken, weiter zu Fuß

ABENTEUER UND SPASS FÜR DIE GANZE FAMILIE

87

Action pur: Zwischen gewaltigen Felswänden und hohen Wasserfällen, natürlichen Wasserrutschen und steilen Schluchten oder durch Bergwasser wandern Sie in einer einzigartigen Naturkulisse. Das alles und vieles mehr bieten Canyoning-Touren. Ein unvergessliches Vergnügen für Eltern und Kinder.

Es gibt am Gardasee mehrere Möglichkeiten, dieses feuchtfröhliche Wasserabenteuer mit erfahrenen Führern zu erleben. Eines davon ist das Canyoning-Center nahe Affi, in der Località Caorsa bei der Trattoria Cà Orsa, wo man sich nach dem sportlichen Wasserspaß gleich mit typischen Schmankerln der Region stärken kann.

Haben Sie jetzt Hunger? Gute Hausmannskost gibt's in der Cà'Orsa, Loc. Caorsa 10, 37010 Affi, Tel.+39 045 723 50 39, und Köstliches vom Grill in der Osteria Metti, Loc. Incaffi, Tel. +39 045 626 0738.

Bevor es ins erfrischende Nass und die wilde Naturlandschaft geht, wird alles noch mal durchgecheckt. Was muss man mitbringen? Gute Laune, eine normale körperliche Verfassung, Badebekleidung, ein Handtuch und Trekking- oder Turnschuhe, die nass werden dürfen. Dann geht's rein in die Neoprenanzüge, Helme auf – und gut auf die Canyoning-Führer hören!

Es gibt Touren mit unterschiedlichsten Schwierigkeitsgraden, Sie sollten also nicht gleich mit der Extremtour im Vajo dell' Orsa anfangen: Dieses Canyoning-Highlight zählt zu den spannendsten Touren in Mitteleuropa und ist der »Haus-Canyon« des Centers in Caorsa. Sie starten aber am besten mit einer Einsteigertour, bei der Sie durch frisches Bergwasser wandern, in kleine Pools springen oder versuchen, sich in einem Wasserfall abzuseilen. Aufregend genug beim ersten Mal, aber bereits für Kinder ab acht Jahren möglich. Wer dennoch Angst bekommt – keine Sorge, denn Rutschen und Sprünge machen nur diejenigen, die sich trauen. Ein nicht zu unterschätzender Nebeneffekt ist neben der sportlichen Aktivität die wunderbare Chance, die noch unberührte Landschaft im Hinterland des Gardasees kennenzulernen.

Outdoorplanet · Canyoning-Touren Gardasee · Base-Meeting Point Affi · Loc. Caorsa 10 37010 Affi · Tel. +39 339 530 11 38 · www.outdoorplanet.net

88 EINE WALLFAHRT, DIE SCHWINDLIG MACHT

Fahren Sie auf der Autobahn zwischen Avio und Affi, so sehen Sie auf der rechten Seite, hingeschmiegt an einen Fels, die Wallfahrtskirche Santuario Madonna della Corona. Auch wenn man nicht so gläubig ist - der Kirchplatz an der steilen Felswand ist spektakulär und die Aussicht aufs Etschtal grandios.

Zwei Wege führen hinauf zur Madonna della Corona. Von Spiazzi aus, 20 Kilometer von der Autobahnausfahrt Affi entfernt, ist die Wallfahrt ohne größere Anstrengung zu bewältigen. Am Ortsausgang von Spiazzi, auf der Piazza Giovanni Paolo II (Hotel Stella Alpina), führt ein etwa ein Kilometer langer Weg entlang eines Kreuzwegs zum Gotteshaus. Auf den 15 Stationen werden mit mannshohen Bronzestatuen die Szenen dargestellt, beachtenswert auch aus künstlerischer Sicht. Wer nicht gut zu Fuß ist, nimmt den Pendelbus, der die Pilger jede halbe Stunde zur Kirche am Fels bringt.

Anstrengender, dafür aber sehr lohnend ist die Wanderung von Brentino aus. Parken Sie das Auto nahe des Weinguts Prebenda (Sie können sich ja anschließend mit einer Weinprobe belohnen). Von hier gelangen Sie über den stets steil bergauf führenden Pilgerweg zur Basilika. Sie müssen aber 600 Höhenmeter überwinden, um das Ziel, die auf 773 Metern auf einer Art Felsbalkon thronende Wallfahrtskirche, zu erreichen.

Erstmals erwähnt wurde die Kirche 1193, damals war es eine Einsiedelei des Benediktinerklosters San Zeno in Verona. Anfang des 15. Jahrhunderts begann der Malteserorden das verwahrloste Kirchlein wieder aufzubauen. Nachdem 1810 Napoleon diesen Orden aufgelöst hatte, kam es erneut zu einem Verfall. 1975 bis 1979 wurde die Felsenkirche vollständig renoviert. Stolz sind die Einheimischen, dass Papst Johannes Paul II. Madonna della Corona 1988 auf seiner apostolischen Pilgerreise besuchte. Beeindruckend sind vor allem die vielen Bildhauerwerke, größtenteils aus weißem Carrara-Marmor, von Ugo Zannoni aus Verona geschaffen.

Santuario Madonna della Corona · Loc. Santuario · Fraz. Spiazzi
Nov.–März 8–18, April–Okt. 7–19.30 Uhr · 37020 Ferrara di Monte Baldo
www.madonnadellacorona.it

MONTE BALDO – DER GARTEN EUROPAS

89

Wenn Mitte Juni die blühenden *maggiociondolo* (Goldregen) den Monte Baldo bei Novezzina in ein sattes goldgelbes Meer tauchen, verblasst selbst die Schönheit des Botanischen Gartens. Wenn man zu der Zeit am Gardasee weilt, sollte man sich dieses Naturspektakel nicht entgehen lassen.

Den Orto Botanico in Novezzina sollten sich aber Naturfreunde dennoch keinesfalls entgehen lassen. Praktischerweise kann man mit dem Auto hinauffahren – auf 1232 Meter Höhe –, um dann lediglich ein paar Schritte zu diesem außergewöhnlichen Pflanzenparadies zurückzulegen. Aber welcher Naturliebhaber will das schon? Schnüren Sie also den Rucksack und starten Sie von Ferrara hinauf auf den Monte Baldo, wo nachweislich die größte Pflanzenvielfalt Europas gedeiht – und das nicht nur im 1989 eröffneten Botanischen Garten. Man könnte sagen der Weg ist das Ziel, denn eine bezaubernde Wanderung entlang an saftigen Wiesen und blühenden Sträuchern und mit herrlichen Panorama-Aussichten führt hinauf zum Monte Baldo. Aus jeder Felsritze wachsen farbenprächtige Blumen. All diese auf dem Berg wild wachsenden, heimischen Blumen und Kräuter wurden für den Botanischen Garten zusammengetragen und in der naturbelassenen Umgebung wieder angepflanzt. So haben Sie inmitten der fantastischen Bergwelt die Möglichkeit, über 700 unterschiedliche Pflanzen auf einer Fläche von 20 000 Quadratmetern zu betrachten. In der Bottega dello Speziale können Sie vieles kaufen, was hier oben wächst – als Tee, Tinktur oder leckeren Brotaufstrich.

Nach der Besichtigung des Botanischen Gartens stärkt man sich am besten mit der köstlichen Bergküche aus nachhaltigen, frischen Produkten im Rifugio.

Wer weiter wandern möchte: Ein Weg führt zum Bocca di Navene auf 1430 Metern mit Traumsicht auf den Gardasee. Ist man im Frühsommer unterwegs, begeistern die blühenden Goldregensträucher, und wenn man sich ruhig verhält, kann man Murmeltiere und Steinböcke beobachten.

Orto Botanico del Monte Baldo · Strada Graziani 10 · 37020 Ferrara di Monte Baldo
Mai–Sept. 9–18 Uhr · Mehr Infos unter www.rifugionovezzina.com

90 FAHRRÄDER, ITALIENS HEILIGE KÜHE

Sonntag für Sonntag sieht man Rudel von nebeneinander fahrenden, gestylten und durchtrainierten Männerkörpern in leuchtend gelben, roten oder giftgrünen hautengen Trikots auf technisch hochmodernen Rennfahrrädern, die mit affenartiger Geschwindigkeit die Gardesana entlangsausen.

Besser nicht überholen, denn sie repräsentieren stolz eine kulturelle Tradition der Nation und haben die Vorfahrt im Sattel eingebaut. Der Gardasee und sein Hinterland sind für Liebhaber der schnellen Räder ein Paradies. Im Hochsommer den See zu umrunden grenzt an Selbstmord, aber im Herbst oder Frühjahr ist dies für Radrennfahrer eine beliebte Herausforderung. Die Tour ist 140 Kilometer lang und es erwarten Sie faszinierende Aussichten und unterschiedlichste Schwierigkeitsgrade. Auf der trentinischen und lombardischen Seite bläst oft ein ordentlicher Wind, gegen den man kräftig ankämpfen muss, außerdem fordern die vielen Tunnel die ganze Aufmerksamkeit.

Eine Sammlung alter Fahrräder können Sie im Weingut La Perla in Lonato, Via Fenil Vecchio 9, bestaunen, während Sie die feinen Lugana-Weine verkosten.

Ziel des Gardasee-Tourismus ist es, den See bald auf perfekt ausgebauten Fahrradwegen umrunden zu können. Es ist noch nicht ganz geschafft, da die Arbeiten auf der felsigen lombardischen Seite schwierig sind, aber eine wichtige Etappe ist bereits befahrbar. Ab Limone sul Garda führt eine zwei Kilometer lange Strecke den Felsen entlang, teilweise frei schwebend direkt über dem See. Diese *Ciclopedonale* mit den spektakulären Ausblicken, die auch von Fußgängern benutzt werden darf, soll, wenn die Arbeiten abgeschlossen sind, bis Riva führen. Das ist Ihnen zu lang oder zu mühsam? Keine Sorge, es gibt am Gardasee viele wunderschöne Radstrecken unterschiedlicher Schwierigkeitsgrade. Superschön ist die Tour durch die Valpolicella, allerdings sind hier einige Höhenmeter zu bewältigen. Wenn Sie es gemütlicher wollen, radeln Sie von Peschiera entlang des Mincio-Flusses nach Mantua.

Informationen über Radtouren z. B. unter
www.visittrentino.info/de/artikel/radfahren-und-mountainbiken/radfahren-am-gardasee

SAFTIGE WIESEN UND WOHLTUENDE STILLE

91

Das Minidorf Magasa im Valvestino liegt etwa 45 kurvige Autominuten von Gargnano entfernt; oben auf 970 Metern angekommen, sind Sie in einer völlig anderen Welt. Das 145-Seelen-Dörfchen liegt wie ein Storchennest eingebettet in einer reizvollen, waldreichen Landschaft auf einer Hochebene.

Vorbei am Lago Valvestino, dem lang gestreckten Stausee, führt Sie eine kurvige Straße durch dichte Wälder hinauf nach Magasa und Cima Rest. Strohgedeckte Heuschober, farbenprächtige Blumen und der Duft frisch gemolkener Milch erinnern in dem Dörfchen an eine längst vergangene Zeit. Irgendwie hat man das Gefühl, hier oben sei die Zeit stehen geblieben, obwohl von Jahr zu Jahr mehr Gardaseebesucher dem regen Treiben am Seeufer zumindest mal für einen Tag entfliehen. Die Ruhe und Abgeschiedenheit in dieser traumhaften Bergwelt mit ihren ursprünglichen Almen und seltenen Pflanzen ist eine Wohltat für die Seele. Neben den strohgedeckten Heuschobern aus der K.u.k-Zeit ist auch das *osservatorio* (Sternwarte) der Hobby-Astronomen auf 1300 Metern Höhe sehenswert. Geschichtsinteressierte besuchen das Museo Etnografico di Rest, das sich mit der Kultur der Gegend und der Herstellung des typischen Käses, des Tombea, beschäftigt.

Apropos Käse! Eggiolini Germano ist ein Hüter der Käsetradition im Naturpark Alto Garda Bresciano und einer der wenigen, die den einzigartigen Tombea-Käse noch so wie früher herstellen. Der trägt den Namen des Berges Tombea, der Magasa mit 1950 Metern überragt. Wenn Sie die saftigen Wiesen auf 1600 bis 1900 Metern Höhe sehen, wissen Sie gleich, weshalb sein Tombea so natürlich schmeckt. Die Laibe, die er herstellt, wiegen zwischen sieben und vierzehn Kilo und reifen mindestens 120 Tage. Von diesem Nischenprodukt gibt es pro Jahr lediglich 1000 bis 1500 Stück. Teilweise reifen die köstlichen Käselaibe bis zu sechs Jahre in natürlichen Grotten. Diesen Genuss sollten Sie sich wirklich nicht entgehen lassen.

Az. Agr. Eggiolini Germano · Loc. Zumié · Via Roma · 25070 Capovalle · geöffnet von 8–18 Uhr
Tel. +39 338 871 29 19 · www.eastlombardy.it/it/produttori/brescia/azienda-agricola-germano-eggiolini/
Infos zu weiteren Sehenswürdigkeiten auch auf Deutsch unter: www.consorzioforestalevalvestino.com

92 HINAUF ZU TOSENDEN WASSERFÄLLEN

Man muss nicht um die Welt reisen, um spektakuläre Natur zu erleben. Fahren Sie einfach hinauf nach Tignale, parken Sie beim Staudamm San Michele, ziehen Sie die Wanderstiefel an – und los geht's! Nach der Brücke links, dann über einen Bach, der im Sommer oft ausgetrocknet ist, und entlang der Beschilderungen 225, 224, 222. Wandererfahrung und Ausdauer sollten Sie schon im Gepäck haben, denn der Weg zu den Pisù-Wasserfällen zieht sich, ist aber niemals langweilig. Hat man die Spiazza-Alm erreicht, führt ein Weg entlang tosender Wasserfälle. Über den Coca-Pass wandern Sie zur Alm Prà Pia und folgen der Beschilderung 222 zurück zum Parkplatz.

Informationsbüro Associazione Pro Loco · Piazza Marconi 1 · 25010 Tremosine
9–12.30 u. 15–18.30 Uhr · Tel. +39 0365 95 31 85 · www.infotremosine.org

93 EIN MEISTERWERK: STRADA DELLA FORRA

Durch die Schlucht des Sturzbaches Brasa verläuft die sehr enge, gewundene Straße vom See hinauf auf etwa 350 Meter zum Dorf Pieve. Ängstliche Autofahrer sollten den Weg meiden und lieber zu Fuß gehen. Und alle anderen sollten wirklich aufpassen, denn die Einheimischen fahren diese häufig nur einspurige Strecke zügig – und für passionierte Motorradfahrer ist es eine Lieblingsstrecke. Sie ist ein absolut grandioses Erlebnis, aber dabei auch ein Nervenkitzel.

Bis zum Bau dieses Zubringers im Jahr 1913 mussten die Menschen alles, was sie zum Leben benötigten, auf dem Rücken hinaufschleppen. Es war der Pfarrer von Vesio, Don Giacomo Zanini, der sich für den Bau der Verbindungsstraße vom Seehafen zu den Dörfern von Tremosine einsetzte.

Informationsbüro Pieve di Tremosine · Piazza Marconi 1 · 25010 Tremosine
9–12.30 u. 15–18.30 Uhr · Tel. +39 0365 95 31 85 · www.infotremosine.org

BETEN UND WANDERN MIT PANORAMABLICK

94

Auf der Hochebene zwischen Tignale und Limone, am Westufer des Gardasees, thront auf einem Felsvorsprung unterhalb des Gipfels des Monte Cas in schwindelerregender Höhe die Wallfahrtskirche Madonna di Montecastello. Der Blick auf den Gardasee ist einfach atemberaubend.

Die Kirche aus dem 17. Jahrhundert ist sehenswert, aber einen unvergesslichen Eindruck hinterlässt – ob bei Pilger oder Tourist – die grandiose Aussicht. Die Felsen, auf denen die mächtige Kirche gebaut ist, ragen fast senkrecht 700 Meter direkt aus dem Gardasee. Das von außen beeindruckende Bauwerk ist auch im Inneren sehenswert. Die Kirche wurde auf den Ruinen eines antiken Tempels erbaut, der später in eine Burg umkonstruiert wurde. Heute kann man die Casa Santa, einen kleinen Tempel aus dem 9. Jahrhundert, mit dem restaurierten Fresko aus der Giotto-Schule des 14. Jahrhunderts bestaunen. Auch Gemälde von Andrea Celesti aus Venedig (1637–1712) sind zu sehen. Die Legende erzählt, dass dort, wo heute die Kirche steht, ein hell leuchtender Stern erschien, dessen strahlendes Licht die Schlacht zwischen Trento und Brescia geschlichtet hat.

Die Fahrt hinauf nach Montecastello sollten Sie sich nicht entgehen lassen. Wenn Sie ein wenig Zeit haben, parken Sie das Auto in Gardola, um zu Fuß zur Kirche zu wandern. Nach deren Besuch und einem Kaffee oder Drink im Bistro auf der Aussichtsterrasse ist der kurze Aufstieg zum Gipfel des Monte Castello empfehlenswert. Es sind nur etwa 20 Minuten zum Gipfelkreuz, die sind jedoch gespickt mit schönen Rastplätzen und gigantischen Seeblicken. Den Fotoapparat sollten Sie nicht vergessen, vor allem bei klarem Wetter, denn häufig trübt der typische Dunst den Blick. Sie können denselben Wanderweg zurückgehen, aber vor allem an heißen Sommertagen ist es ratsam, einen Bogen um den Gipfel zu machen und durch einen schattigen Wald mit Kastanien und Steineichen zurück zur Wallfahrtskirche zu laufen.

Wallfahrtskirche Montecastello · Via Chiesa · 25080 Tignale · April–Okt. 9–18 Uhr
Tourismusbüro Tignale · Via Europa 7 · 25080 Tignale · Mo–Sa 9–12.30 und 16–18, Sonn- und Feiertage 9–12.30 Uhr · Tel. +39 0365 733 54 · www.tignale.org

95 TREMOSINE: ZWISCHEN HIMMEL UND WASSER

Tremosine zählt zu den schönsten Dörfern Italiens und über diese kulturtouristische Auszeichnung freuen sich besonders die knapp 2000 Einwohner, die sich auf 18 Minidörfer verteilen. Hier oben vergisst man rasch den Alltag; die Ruhe und die unberührte Natur sind Balsam für die Seele.

Wanderer, Montainbiker, Kletterer und Tennisspieler haben die Hochebene längst zu ihrem Lieblingsplatz am Gardasee erkoren. Mittlerweile gibt es mehr als 60 Tennisplätze, und wer Wind- oder Kitesurfer ist, der fährt nach Campione, denn dort ist ihm ein beständiger Wind sicher.

Auch wenn man keine Ambitionen auf Wassersport hat: Vom Hauptort Pieve gibt es einen wunderschönen, nicht allzu anstrengenden Wanderweg nach Campione. Es ist eine historische Route, denn früher gingen auf diesem Pfad die Frauen tagtäglich hinunter zu ihrem Arbeitsplatz in die Baumwollfabrik Olcese, um ein Zubrot für die Familie zu verdienen. Die Männer kümmerten sich um die Landwirtschaft. Nach der Schließung der Baumwollfabrik 1981 verfielen die Häuser von Campione. Ein Investor hat nun das alte Dorf in einen modernen Ferienort umstrukturiert, bei dem Historie und Moderne eine harmonische Einheit bilden.

Dieser Arbeitsweg der Frauen ist nicht zu anstrengend und Sie brauchen für Hin- und Rückweg lediglich drei Stunden. Mit festen Wanderschuhen starten Sie von Pieve aus in Richtung Vagne, um dann gleich nahe dem Haus Miro auf einem Felsvorsprung den gigantischen Blick auf das Ziel Campione und den Gardasee zu genießen. Sie folgen den Beschilderungen 201, die auf einem Trampelpfad ins Tal führen. Weiter unten wird der Weg steil und Sie gehen über Stufen, entlang einer tiefen Schlucht. In den von Wasserfällen geformten Becken ist es verlockend, ein Bad zu nehmen, aber es ist auch nicht mehr weit zum Markplatz von Campione und ans Seeufer. Nach einer Badepause gelangen Sie über den Pfad Porto/Pieve (267) und dann über eine steile Treppe hinauf zur Seeterrasse Sima Port.

Informationsbüro Pieve di Tremosine · Piazza Marconi 1 · 25010 Tremosine
9–13 u. 15–18 Uhr · Tel. +39 0365 95 31 85 · www.infotremosine.org

Wanderweg vom Pregasina-Tunnel nach Riva, mit Blick auf Riva

SURFEN, SEGELN UND SONNEN IN TIGNALE

96

»Prà de la Fam« bedeutet übersetzt »Hungerwiese«. So heißt das Kite-, Surf- und Badeparadies in Tignale! Auch wenn es verwundert, denn jeder Gardasee-Liebhaber weiß, dass Tignale auf der Hochebene über dem See liegt. Die Gemeinde verfügt aber über einen Hafen und einen kleinen Badestrand.

Es war einmal ein geschützter Hafen am Gardasee, so könnte die Geschichte der Hungerwiese beginnen. Der Gardasee war in früheren Zeiten eine wichtige Nord-Süd-Verbindungsstrecke und daher stark von Transportschiffen frequentiert. Bei starkem Wind und Wellengang suchten die Bootsleute in diesem Hafen an der Westküste Schutz. Oft mussten sie tagelang ausharren, bis sich der Sturm wieder beruhigt hatte. Man vermutet, dass ihnen oft der Proviant ausging und sie deshalb den Küstenstreifen so nannten.

Heute müssen Sie hier sicher nicht mehr hungern: Am Strand von Tignale gibt es eine kleine Bar. Sie mieten sich Strandliege und Sonnenschirm und können dann das wilde Treiben der Surfer und Kitesurfer auf dem stürmischen See beobachten. Für alle, die Wind für ihren Sport benötigen, ist das der optimale Platz, ein Hotspot für Surfer, Kitesurfer, Segler und Taucher.

Wer nicht auf der Westseite Urlaub macht, fährt garantiert an diesem idyllischen Platz vorbei, weil er direkt hinter dem Tunnel liegt, wenn man von Süden kommt. Bevor man sich wieder ans Sonnenlicht gewöhnt hat, ist man schon vorbeigerauscht. Dieser Tunnel hat aber den Vorteil, dass man in Tignale vom Straßenlärm weitgehend verschont bleibt.

Gleich hinter diesem paradiesischen Kiesstrand befindet sich das B&B Torre degli Ulivi, ein schmuckes Gästehaus mit fünf Zimmern, die alle sehr stilvoll eingerichtet sind. Rund um das einsam stehende Haus gibt es Natur pur: schattige Olivenbäume, mediterrane Pflanzen, eine Orangerie und eine sonnige Terrasse mit Blick auf den See. Die himmlische Ruhe wird nur vom Rauschen des Sees unterbrochen.

Öffentlicher Badestrand Prà de la Fam · 25080 Porto di Tignale · Via Gardesana Occidentale
B&B Torre degli Ulivi · Via Gardesana Occidentale · 25080 Porto di Tignale/Loc. Prà de la Fam
Tel. +39 339 479 98 34 · www.torredegliulivi.it

97 SMARAGDGRÜNER SEE UND NATUR PUR

Bereits beim Hinuntersteigen zum Lago di Tenno glauben Sie den Prospekten, die darauf hinweisen, dass er zum saubersten Bergsee Italiens erklärt wurde. Wenn Sie mal abseits des quirligen Gardaseeufers einen entspannten Bade- und Wandertag erleben möchten, dann sind Sie hier genau richtig.

Fast kitschig smaragdgrün leuchtet der Minisee und lädt zum Baden oder Sonnen ein. Er entstand auf natürliche Weise, nämlich durch einen enormen Erdrutsch, der sich vom 1100 Meter hoch gelegenen Cima Salti löste. Die Geröllmassen blockierten den Lauf des Flusses Rio Secco, das Wasser staute sich – und der Lago di Tenno war geboren. Hübsch ist die kleine Insel im südlichen Teil des Sees, zu der Sie hinüberschwimmen können, um die üppige Vegetation zu bewundern. In heißen Sommern, wenn der See einen sehr niedrigen Wasserstand hat, taucht eine zweite Miniinsel auf, die Isola del 86, benannt nach dem Jahr der ersten Entdeckung. »Wenn ihr mich seht, werdet ihr weinen«, war damals als Mahnung auf ein Schild geschrieben worden. Bislang wurde sie lediglich 2003 wieder gesichtet, in dem Jahr der großen Hitze und Trockenheit.

Nur 30 Minuten Fußmarsch auf einem nicht sehr schwierigen Wanderweg – mit fantastischen Ausblicken auf den See und die Trentiner Berge –, und Sie sind im Künstlerdorf Canale (s. S. 137). Ein kleines Stückchen weiter auf dem Weg in Richtung Calvola kommen Sie an der sehenswerten Skulptur *Alla Vicinia* vorbei. Sie stellt vier Männer dar, die sich angeregt unterhalten, man vermutet über die Belange des Dorfes.

Die nächste Etappe ist das Dörfchen Calvola, das sich an den Berghang von Calino schmiegt und wie Canale zu den am besten erhaltenen mittelalterlichen Dörfern in Italien zählt. Sehenswert ist hier die Kirche San Giovanni Battista, die 1537 errichtet wurde: Man vermutet jedoch aufgrund der Fresken im Innern, dass sie aus einer früheren Epoche stammt. Die Kirchenfassade schmückt eine Madonna aus dem 16. Jahrhundert.

Mehr Infos unter **Informationsbüro InGarda**
www.gardatrentino.it/de/entdecken/ortschaften/tenno

TIEFE STILLE UND BÄUME ALLER WELT

98

Ganz Arco ist ein wunderschönes Pflanzen- und Blumenparadies. Durch welche Gassen oder über welche Plätze Sie auch schlendern, überall leuchtet die bunte, faszinierende Blumenpracht; riesige Palmen und andere Bäume aus fernen Ländern erfreuen und erstaunen die Besucher zugleich.

»Parco Arciducale ›Arboretum‹« heißt der weitläufige Park in Arco, der eigentlich ein lebendiges botanisches Museum ist. Angelegt hat diese eindrucksvolle Gartenanlage Erzherzog Albert von Österreich im Jahr 1873. Es ist ein reines Vergnügen und eine Wohltat für die Seele, durch diesen Baumgarten zu spazieren und die vielen Farben und Formen auf sich wirken zu lassen. Mehr als 200 verschiedene Pflanzen und Sträucher können Sie bestaunen. Beeindruckende Monterey-Zypressen, Steineichen und einen der ältesten Mammutbäume Europas.

Da man, ist man kein Botaniker, meist nicht weiß, welche Pflanze oder welchen Baum man gerade bewundert, ist der ganze Parcours nicht nur ansprechend beschildert, es gibt auch weiterführende Informationen über die Eigenheiten der jeweiligen Pflanze. Rekonstruierte Mini-Naturlandschaften zeigen die Herkunftsgebiete vieler subtropischer Pflanzen und zudem gibt es natürliche Lebensräume zum Innehalten und Entspannen, wie etwa die Orangerie, die üppigen Ginsterhänge oder die Biotope.

Zauberhaft ist ein Naturteich mit Seerosen, umschwirrt von Libellen, und rundherum genießen zahlreiche Schildkröten die wärmende Sonne. Die vielen Bänke bieten Ihnen die Möglichkeit, sich in dieser Stille und inmitten dieser einzigartigen Natur zu entspannen. Von einer dieser Bänke eröffnet sich ein herrlicher Blick auf die Burg von Arco und man beginnt unweigerlich, an die Dichter und Künstler zu denken, die sich in Arco, wohlfühlten und sich hier in dem milden Klima von so manchem Wehwehchen erholten. Genau dieses Klima ist es auch, das die Pflanzen üppig gedeihen lässt, die jetzt wiederum Balsam für unsere Seele sind.

Parco Arciducale »Arboretum« · Via Lomego · 38062 Arco · Apr.–Sept. 8–19, sonst bis 16 Uhr
Tel. +39 0464 58 36 36 · Eintritt frei · www.visittrentino.it/de/parco+arciducale+arboreto

99 SPAZIERGANG MIT RAINER MARIA RILKE

Während der junge Rainer Maria Rilke seine in Arco zur Kur weilende Mutter besuchte, verbrachte er seine freie Zeit mit ausgedehnten Spaziergängen durch Olivenhaine. Man erzählt sich, dass ihn Arco inspirierte, Gedichte zu schreiben, und heute dankt es ihm die Stadt mit einer poetisch geprägten Rilke-Promenade.

Etwa drei Stunden benötigen Sie für den literarischen Spaziergang auf den Spuren des Dichters, der zwischen 1897 und 1899 hier mehrfach seine Mutter besuchte. Die Rilke-Promenade beginnt an der Eremitage San Paolo, einem Kirchlein aus dem 12. Jahrhundert, und hier sehen Sie einen Brief, den Rilke an Mathilde Goudstikker am 23.3.1897 schrieb. Weiter führt der Weg über die Sarca-Brücke auf die Piazza di S. Giuseppe, wo Sie das erste

einer Reihe von Gedichten lesen können. Am Fuße des Burgfelsens haben Sie einen herrlichen Blick über die Dächer von Arco, auf den Fluss Sarca und hinüber nach Riva und Torbole. An der Station »Die Dächer von Arco« finden Sie das Gedicht *Weißt du*. Weiter geht es durch die Olivenhaine der Burg mit dem Gedicht *Ich weiß ein graues Schloss*, dann zum Castello, das Sie natürlich besuchen – oder auch nur mit dem Gedicht *Wir standen Hand in Hand* so auf sich wirken lassen können. Über Santa Maria di Laghel und vorbei am Parco Arciducale geht's zur Moritzruhe.

An jeder der Stationen liegt also für den Wanderer eines von Rilkes Gedichten bereit. Falls Sie die Tour mit einem Führer gehen, werden die Verse natürlich vorgetragen. Weiter führt der entspannende, poetische Spaziergang zu den Mühlen und dort endet er mit einem Zitat aus einem Brief, wieder an Mathilde Goudstikker: »Du müde, morsche Mühle, dein Moosrand feiert Ruh, aus der Olivenkühle schaut dir der Abend zu. Der Bach singt wie verloren Menschenlieder nach, tiefer über die Ohren ziehst du dein trutziges Dach. Und dank nun für Ihr Führen durch Arcos junge Wunder, Sie, Liebe!«

Rilke-Promenade auf den Spuren von R. M. Rilke · Info und Anmeldung bei Ingarda Trentino
Viale delle Palme 1 · 38062 Arco · Tel. +39 0464 55 44 44 · www.gardatrentino.it

ABENTEUER NATUR: CASCATE DI MOLINA

100

Ein Ausflug ins Valpolicella ist längst nicht nur für Weingenießer interessant! Das Dorf Molina mit den nahe gelegenen Wasserfällen bietet eine spannende Entdeckungstour für die ganze Familie. Inmitten schöner Landschaft und intakter Natur gibt es hier viel zu sehen und zu erleben.

Mit lautem Getöse stürzt das Wasser in tiefe Schluchten – ein unvergessliches Erlebnis, nicht nur für Kids. Um dieses 80 000 Quadratmeter große Naturgebiet in den Bergen der Lessinia richtig kennenzulernen, beginnen Sie am besten auf festgelegten Wegen. Auf dem »Waldpfad« entdecken Sie wunderschöne Wildorchideen. Wollen Sie dieses botanische Erlebnis vertiefen, so können Sie das botanische Museum besuchen.

Ein weiterer besonders faszinierender Weg ist der »Brückenpfad«, der zu einem einzigartigen Naturdenkmal führt, zur Ponte di Veja. Diese außergewöhnliche Naturarchitektur sollten Sie wirklich gesehen haben: eine massive Felsbrücke, darunter ein rauschender Bach. Die Tour leitet die Besucher über die Brücke, denn hier bietet sich nicht nur eine großartige Aussicht, man kann auch sehr schön die Kontraste zwischen den roten Ammoniten und den grauen Kalksteinen betrachten. Der Pfad führt weiter zu den landschaftlichen Schönheiten des Wasserfallparks, schlängelt sich vorbei an kleineren und größeren Wasserfällen, unterschiedlich großen Teichen mit wuchernden Pflanzen und an immens hohen Felswänden.

Ein ruhigerer Weg ist hingegen der »Almpfad«, der durch das Bergdorf Molina zu den Mühlen und Werkstätten führt. Hier können Sie zusehen, wie früher Käse hergestellt wurde, und auch selbst Hand anlegen.

Wer sich für die bäuerliche Kultur in den Bergen der Lessinia interessiert, entscheidet sich für den »Mühlenpfad«, bei dem man sich beim Anblick der zahlreichen verfallenen und auch restaurierten Mühlen in eine längst vergangene Zeit zurückversetzt fühlt. Eine sehr unterhaltsame und erlebnisreiche Tagestour, die lange in Erinnerung bleibt.

Parco delle Cascate · Mühlenpark · Via Bacilieri 1 · 38030 Molina · Tel. +39 045 772 01 85
Eintrittspreise und Öffnungszeiten s. Webseite · www.parcodellecascate.it

IMPRESSUM

Verantwortlich: Claudia Hohdorf
Redaktion: Dr. Juliane Braun
Layout: Nina Andritzky
Satz: BUCHFLINK Rüdiger Wagner;
Aktualisierung 2. Auflage: M. Feuerstein, wigel
Repro: LUDWIG:media

Korrektorat: Anke Höhne
Umschlaggestaltung: Nina Andritzky, Alexander Knoll
Kartografie: Kartographie Huber, Heike Block
Herstellung: Alexander Knoll

Printed in Slovenia by Florjancic

★★★★★

Sind Sie mit diesem Titel zufrieden? Dann würden wir uns über Ihre Weiterempfehlung freuen. Erzählen Sie es im Freundeskreis, berichten Sie Ihrem Buchhändler, oder bewerten Sie bei Onlinekauf. Und wenn Sie Kritik, Korrekturen, Aktualisierungen haben, freuen wir uns über Ihre Nachricht an Bruckmann Verlag, Postfach 40 02 09, D-80702 München oder per E-Mail an lektorat@verlagshaus.de.

Unser komplettes Programm finden Sie unter www.bruckmann.de

Bildnachweis: Alle Bilder stammen von Thilo Weimar, außer S. 49 Sarah Matthews; S. 171 o. picture alliance/chromorange; Umschlagvorderseite: Adobe Stock/Thomas Hecker

Die Deutsche Nationalbibliothek verzeichnet diese Publikation in der Deutschen Nationalbibliografie; detaillierte bibliografische Daten sind im Internet über http://dnb.d-nb.de abrufbar.

2. aktualisierte Auflage 2022

Infanteriestraße 11a, 80797 München

ISBN 978-3-7343-2314-0